原來，寬容的目的不只是放下

TOLERANCE IS NOT JUST FORGOTTEN

許汝紘暨編輯企劃小組——編著

因為古老，所以美好

——在經典文學中借鑒先賢的品德智慧

中國文學博大精深、浩瀚無邊，無論說理、敘情都蘊含深意。我經常覺得，能看得懂文言文的現代人真的好有福氣，除了能在字裡行間覺察作者的深意、想像文學的美好、探索其中的映像之外，也能毫無障礙地和偉大的文學家們交心、溝通，知古鑑今、學習知識、發現真理。

《越古老越美好》系列叢書，是從《四庫全書》與《筆記小說大觀》中取材、編寫、評述而成的。分別歸類整理成七大主題，編輯成書。每一個主題都在對應當代社會在極速躍進與科技不斷翻新之下，人們心靈的空虛與品德遺失等課題。每一則精選出來的故事均寓意深遠，且極富趣味。對照今日社會百態，即便是過去大家都能嚴守分際的人情世故、待人接物、應對教養、品德教育等簡單的生活倫理，都在人人撻伐道德淪喪聲中，被忽視殆盡。而這些美好的品德教養卻在經典中，處處可見，隨手可得。

我認為，文學的魅力不應該受限於時代、語言、國界的束縛，而文體的表達方式，也不應該只能有一種詮釋方法。中國許多優美的經典文學作品，更不應該受限於文言文的隔閡，而讓今天的讀者望而生畏。浩瀚精彩、博大精深的中國文學作品，如果能找到更多元的入門通道，那麼成千上萬冊精彩的創作，將會是人人都喜歡的最佳讀物。

從經典中攫取生活智慧是《越古老越美好》系列叢書的編輯方針，希望讀者能在輕鬆閱讀中，看懂古人的文章內涵與深刻的寓意，領略其思想脈絡，借鑒其中的智慧，落實在現在的生活當中，借鑑學習、延伸應用。

高談文化出版集團　總編輯
許汝紘

原來，寬宏的目的不只是放下

帝王之量

將相之量

名士之量

原來，節儉的目的是為了過得更好

帝王之儉

將相之儉

名士之儉

原來，仁愛的初衷是善待自己

原來，

寬容的目的

不只是放下

帝王之量

絕纓會

楚莊王是春秋時期楚國國君，春秋五霸之一，我國古代著名的政治家、軍事家。歷史上流傳著許多關於他的傳奇故事，比如「三年不鳴，一鳴驚人」、「莊王葬馬」等，「楚王斷纓」也是一則千古傳頌的歷史故事。

有一次楚莊王大宴群臣，使美人行酒。飲到傍晚，席間歡歌笑語之時，突然一陣風，吹熄了所有蠟燭。漆黑之際，楚王的愛妃許姬悄悄告訴楚王，剛才有人乘機摸了她的玉手，而她也扯斷了此人的帽帶，要求莊王根據這個線索查出此人是誰，然後給以嚴懲。

不料楚王聽了之後，小聲呵斥她說：「怎麼能因為婦人之節而辱士呢？」說完，立即大聲命令不要點燭，還對眾人說：「寡人今晚務要與諸位同醉，大家也都要盡興才是，不斷纓者不能歸。」於是群臣都拉斷了帽子上的纓穗。這時莊王才命令重新點燃蠟燭之後，與群臣盡歡而散。這便是有名的「絕纓會」。

後來楚鄭爭霸，楚王伐鄭，有一勇將單獨率數百人，為三軍開路，斬將過關，直逼鄭國首都，使楚王聲威大震。而且他經常奮戰在前，五次戰鬥五次全勝敵軍，終使楚軍大勝。後來有人問他如何能夠如此勇猛，不懼怕犧牲？原來，此人就是當年在歡宴上調戲許姬的人。

觸類旁通

能做到「明知故昧」，這種涵養，同那種「睚眥必報」的人比起來，自然不可同日而語。楚莊王對部下調戲自己愛妾的行為不予追究，還主動為那人解圍，免得尷尬，這種豁達又細心的做法，無法不使當事人感動，無法使他不在以後的日子裡拚死效命。

古人有「罵如不聞，看如不見」的「柔弱」功夫，既能避免是非，又更利於成功。有時候面對一些不願看到的現象時，我們不妨做一下取捨，如果選擇了一個方面，另一個就大度地放過，必能得到回報的。

趙襄子解衣

晉國從春秋初期開始，政權逐漸被卿大夫操縱，經過長期激烈爭鬥，由智伯掌握了大權，控制朝政。西元前四五四年，趙襄子聯合韓、魏打敗智伯，分掉了智伯的土地。趙襄子十分怨恨智伯，把智伯的頭拿來當作盛酒器皿。智伯的勢力雖被消滅，但曾在其麾下效力的豫讓逃入深山之中，伺機為智伯報仇，他大聲發誓：「嗟乎！女為悅己者容，士為知己者死，我之所以活命，就是要為智伯報仇的。」

豫讓的朋友問豫讓：「先生，你的行為多麼讓人感慨啊！你曾經為范氏、中行氏做過事，諸侯早已經把他們都滅掉了，而你不曾為他們報過仇。到了智氏，先生卻一定要為他報仇，這是為什麼呢？」豫讓說：「我現在就告訴你原因。事奉范氏、中行氏的時候，我感到寒冷卻不給我衣服，我飢餓卻不給我吃的，讓我跟上千個人一起生活，像對待一般人一樣對待我，我也像對待一般眾人那樣對待他們。至於智氏則不然，我出門就讓我乘車，在家就給我足夠的給養，眾人去朝拜他，必定也到我的住所行禮，以國士的禮節待我，我也會像國士那樣報答他。」

為報智伯之仇，豫讓改名換姓，裝扮成服勞役的犯人，潛入趙襄子的營中整修廁所，想趁機刺殺趙襄子，後來卻被趙襄子發現了。左右打算殺掉他，襄子卻說：「他是忠義之士，我應該對他十分尊重才是。況且智伯死了，沒有後人，而他的臣子卻來為他報仇，乃天下的賢人啊！」便命人釋放豫讓。

豫讓回家後，用漆塗抹了身體，吞下火紅的炭使聲音變啞了，裝扮成乞丐，計畫著下一次的行刺。趙襄子出巡，豫讓預先埋伏在車隊會經過的橋底下，又被趙襄子的隨從發現了，襄子當面訓斥豫讓說：「你不是還曾經事奉過范氏、中行氏嗎？你明知道是智伯滅掉了他們，而不為他們報仇，反而重新開始為智氏效勞。現在智伯已經死了，你為什麼單單要堅持為他報仇？」豫讓回答說：「臣事奉范氏、中行氏，范氏、中行氏以眾人之禮待臣，臣故以眾人之禮回報他們。而智伯以國士之禮恩遇於臣，臣則必定以國士之禮回報他。」

趙襄子感慨而悲傷的說：「嗟乎！豫子！豫子為智伯報仇的名已實

現，寡人現在殺了你，也是不為過的了。但我不願殺你，你自己了斷吧。」便派兵把豫讓包圍了起來。豫讓說：「臣聽說英明的君主不阻擋下人的俠義行為，忠臣也不喜歡用死來成就名節。您先前已經寬恕過我一次，天下沒有不稱讚您的賢明的。今天的事，是臣心甘情願被誅殺的，但是請求您用您的外衣讓我用劍刺擊幾下，即使死也再沒有怨恨了。」

趙襄子為他的義氣所感動了，不顧左右的反對，堅持解下自己的外衣交給他。豫讓拔出寶劍，三次跳起來，揮劍呼天，三次刺擊襄子的外衣，最後說：「這樣也算報答智伯了。」隨即自刎而死，趙襄子命厚葬他。

觸類旁通

在戰亂時代，能夠寬恕要取自己性命的仇人，還給予他諸多感慨和嘉獎，這並不是一般的胸懷能夠容忍的。何況趙襄子身為一國之君，占據絕對上風，要處決豫讓易如反掌，卻一再放過他，到最後還用自己的外衣成全了義士的報仇之願。

一般人都是無法容忍別人對自己的無禮冒犯的，尤其是對性命攸關的事情，能夠做到不僅寬容，還犧牲自己的尊嚴成全別人的心願，這種心懷是值得我們品評和學習的。

君子善忘

春秋戰國時期，魏國的信陵君竊符救趙之後，魏王十分惱恨，嫌惡他竟敢偷走他的兵符，假傳命令殺死晉鄙。信陵君自己也知道這件事得罪了魏王，打退了秦國軍隊，保全趙國之後，便派了一個將軍率領晉鄙的軍隊回魏國去，他本人和賓客卻留在了趙國。

趙孝成王感激信陵君當機立斷，率大軍救趙國於危急之中，打算報答他。與平原君商議之後，決定把五個城封給他。信陵君聽到這個消息之後十分高興，認為自己又有了立足之地、有了顯赫的地位，心裡存著驕傲自滿的念頭，臉上露出自以為有功的神色。

有一位門客見到之後，對信陵君說：「有的事情不可忘，有的事情不可不忘。別人有恩於公子，公子絕對不可忘記；公子有恩於人，希望公子儘快忘了吧。再說假傳魏王命令，奪取晉鄙的軍隊來救趙，對趙國是有功，可是對於魏國就算不忠不義了，並不是一件十分光彩的事情。

公子卻以這件事為有功而驕傲，我認為這是不可取的，公子不應該這樣。」

信陵君聽了，心裡被觸動了，立即開始責備自己，慚愧的無地自容。趙王打算打掃庭前臺階，親自迎接信陵君，從東階而上，用當時的最高禮節來對他進行封賞。信陵君卻連稱自己有罪，有負於魏國，亦無功於趙國，好像把救趙之事完全忘了。趙王更加敬佩信陵君。

後來魏王也時時掛念自己的這個兄弟，原諒了信陵君的過錯，屢次派人請他回國。但他內心非常慚愧，覺得沒臉回去。幾年之後，恢復了戰爭能力的秦國，大舉進攻蒸蒸日上的魏國，魏國處於下風，節節敗退，形勢十分不利。信陵君無忌覺得機會到了，就帶著自己的門客回到了祖國，被魏王封為上將軍，抗擊秦軍。信陵君迸發了壓抑了十年的報國激情，利用自己的影響，組成了五國合縱軍，親自率領，大敗秦軍。

觸類旁通

欲成事者必有取捨，要能夠做到不居功自傲，善於忘記自己的功勞，而常反省自己的過失，時時打算彌補。當然這並不是一般人能夠做到的，需要有大度的胸懷才能如此。

如今的一些人，做了貢獻惟恐天下人不知道，反覆宣傳、反覆強調；做了壞事卻要百般遮掩，為自己開脫。這樣的人沉不住氣，目光短淺，心胸不夠寬廣，很多時候像是跳樑小丑，惹人恥笑。

劉秀既往不咎定人心

劉秀是東漢王朝的開國皇帝，漢高祖劉邦九世孫。王莽篡漢後，他和哥哥劉恒在家鄉組織春陵軍，欲恢復劉氏統治。兄弟兩人剛開始的時候加入了更始政權，後來劉秀在昆陽以少勝多打敗了王莽的四十餘萬大軍；劉恒因為功高震主，被更始帝殺害。善於韜晦的劉秀親自向更始皇帝請罪，平息了這次危機。在消滅王莽後，劉秀自請出定河北，藉機脫離了更始政權。

後來，劉秀在河北勢力的支持下稱帝，恢復漢政權。大軍在河北與自立為帝的王郎展開大戰，王郎節節敗退，逃入邯鄲城裡。經過二十多天的圍攻，劉秀大軍攻破邯鄲，殺死王郎，取得勝利。

在清點繳獲來的書信文件時，發現了一大堆劉秀一方的人私通王郎的信件，有一般平民，也有一些官吏。這些信件有好幾千封，內容大都是吹捧王郎，攻擊劉秀的，也有一些甚至提供了劉秀陣營的機密資訊。

看到這些信之後，大家都很氣憤，說這些人吃裡爬外，應該抓起來統統處死。曾經給王郎寫過信的人知道這些信件被發現後，都提心吊膽，心裡十分害怕，擔心受到極刑。

劉秀知道這件事後，立即召集文武百官，又叫人把那些信件取過來，好幾個人一起才搬動那些信件。其中那些私通過王郎的官員都嚇得兩腿顫抖，以為皇帝要懲辦他們了。可是誰也沒想到，劉秀連看也不看，就命令當眾把這些信件扔到火盆裡，全部燒掉了。

看這些信燒完了，劉秀對百官說：「有人過去寫信私通王郎，做了錯事。但事情已經過去了，可以既往不咎。希望那些過去做錯事的人從此安下心來，努力供職。」大家先是十分驚訝，然後明白了劉秀的用意，都暗暗佩服得五體投地，那些原來心裡七上八下的人也都把一顆心放回了肚子裡，十分感激劉秀，甘願為他一生效勞。

觸類旁通

劉秀所用乃是大手腕，朝政新立，人心不穩，他便採用了銷毀證據，寬宥以往立場不堅定的人的做法，雖然需要冒一定風險，但也為穩定局面，開創新的歷史時期起到了重要作用，非具有寬廣的心胸和宏大的氣魄不能為。

劉秀的做法很值得現在的領導者借鑑。人非聖賢，孰能無過，如果抓住別人曾經犯過的錯誤不放，三天一提，五天一批，怎能使人安心工作呢？看來，氣度也是為人領導者所必需的素質。

馬太后豁達為政

東漢光武帝時期，有一位南征北戰、功勳顯著的將領馬援。他的長女自幼聰明伶俐。不幸的是，馬援的妻子過早地離開了人世，馬援又長年征戰在外，關照弟弟、妹妹的家事，不得不落在長女的肩上，這也使她早早就懂事、成熟起來。

馬援在劉秀建立東漢的鬥爭中屢建戰功，最後病死軍中。光武帝愛憐其後代，將馬援十三歲的女兒召入宮中，留在陰皇后身邊使喚，後來的太子劉莊對她產生感情。西元五十七年，劉莊繼位為漢明帝，立馬氏為貴人。三年之後，又立她為皇后。

馬皇后是個才貌雙全，很有能力的女性。她在宮中熟讀經史，涉及國家整體的重大政令，總是能提出高明的見解，讓漢明帝十分佩服。而且，馬皇后能夠虛心聽取來自各方面反映的問題，平等寬容地待人。凡有人想要透過她向明帝反映情況，她總是能認真的聽取，認真的思考、

調查，以便把真實的情況反映給明帝。

馬皇后沒有生子，漢明帝因見她處事周到，自身修養非常高，就把賈妃生的兒子劉炟送到她身邊，由她撫養教育。馬皇后嚴於律己，以自己的言行教育影響他，在生活上注意節儉，愛穿粗布衣服，衣裙不飾華麗。在宮中她經常對宮妃們說，粗布衣料容易染色而且大方耐用。經她提倡，宮廷生活一度變得嚴謹而儉省，後宮的人們既尊敬她，又願意接近她。漢明帝有時外出遊樂，前呼後擁，聲勢浩大，馬皇后就會推說自己身體不適，不便陪伴同行。

西元七十五年，漢明帝卒，太子劉炟即位，是為漢章帝，馬皇后被尊為皇太后。為了輔佐劉炟，使其瞭解前朝歷史，她開始撰寫漢明帝起居注。馬皇后的哥哥馬防，曾任負責漢明帝健康以及用藥方面的官吏，本應在起居注中提到一筆，但是馬皇后隻字未提。章帝看了，對太后說：「舅舅在父皇身邊忙碌一生，沒有功勞也有苦勞，書中總該寫上他。」馬皇后卻說：「他們多盡些力是應該的。」她從不憑藉自己的地位為親戚牟取私利。反之，她對兄弟們平日的言行要求非常嚴格。她曾向京城官吏們表示，如果馬家兄弟違犯地方法令，應該堅決依法制裁並報告給她；他們若做了好事，也請大家給予表彰和賞賜；如果不稱職，就應該罷官，送回老家。

漢章帝初登基時，曾打算給幾位舅父加封爵位，一些拍馬屁的大臣也慫恿年輕皇帝這樣做。馬皇后卻堅決不同意。章帝擔心不封侯於眾舅父，會使他們終生懷恨皇帝。馬皇后反覆認真地考慮後，為章帝想了個兩全其美的辦法，她說：「高祖時就有規定，沒有軍功者不能封侯。馬氏兄弟目前還沒有給國家立下什麼軍功，何況現在國家連年遭災，穀價長了好幾倍，我為這些事晝夜不安。你未成年時，一切依靠父母，現在你已成人即位了，就應該全力去實現你的志向，把國家治理好。只有這樣，我才能放心。你應該鼓勵你的舅舅們努力建功立業。」章帝聽了這番話，深受感動，終於打消了給舅父封侯的念頭。他鼓勵舅舅們去沙場建立軍功，西元七十七年八月，馬防同耿恭率兵平定燒當羌。第二年，馬防又大敗西羌兵，年末，被任命為車騎大將軍。

西元七十九年六月，為宮廷和國事操勞一生的馬皇后得了重病，期間她既不相信那些神巫邪術，也不待見人們為她而祈禱。不久，馬皇后離開人世，死時才四十幾歲。

觸類旁通

身為皇后、太后，卻不以勢壓人，不趁機為己家謀利，反而婉拒君主的恩遇，督促自家人努力建功。一生榮耀卻不驕不躁，以平和的態度待人，有這樣的人統領後宮，一定能為皇帝減少後宮爭鬥的後顧之憂。

在家庭關係中就應該提倡這種克己、絕私的精神，必須把封建專制的原則和金錢原則同時拒之於治家之道之外，唯一選擇的辦法就是這種克己、絕私的辦法。

武則天重用仇人之後

武則天是中國唯一的女皇帝，有著絕頂的才能和超人的智慧。在位期間，任用酷吏以強硬的手段統治她的王朝，但並沒有損傷帝國的元氣。她苦心經營，帶領著國家順利地進入了中國歷史上的繁榮盛世。

武則天稱帝後，大開科舉，破格用人；獎勵農桑，發展經濟；知人善任，容人納諫。在她掌理朝政的近半個世紀裡，社會穩定，經濟發展，為後來的「開元盛世」打下基礎。武則天為人處事有其獨斷專橫的一面，但也有寬宏大量、與人為善的一面；特別是為帝之後，她的大度明達、不計私憤的心懷，更給後人留下了深刻的印象。她與上官婉兒的故事即是千古流傳的人間佳話。

麟德元年，上官婉兒的祖父上官儀因替高宗起草廢除皇后武則天的詔書，被武后所殺，剛剛出生的上官婉兒與母親鄭氏同被配沒掖廷。在掖廷為奴期間，由於鄭氏的精心培養，上官婉兒熟讀詩書，不僅能吟詩

著文，而且明達吏事，聰敏異常。儀鳳二年，上官婉兒曾被武則天召見宮中，當場命題，讓其依題著文。上官婉兒文不加點，須臾而成，且文義通暢，詞藻華麗，語言優美，文章渾若自然天成。武則天看後非常高興，當即下令免除其奴婢身分，叫到身邊協助做事。

但是上官婉兒出於祖父被殺的仇恨之心，曾經當著武則天的面寫了一首〈剪綵花〉的詩文，最後兩句是：「借問桃將李，相亂欲何如？」意思是說：你這個不檢點的女人，奪了男人的權，亂了倫理道德，要走向何處去？很顯然，這個矛頭是直指剛登基不久的武則天。眾人看了都心驚肉跳，預料著將會有一場暴風雨降臨，可憐聰慧可人的小婉兒竟是這般不知天高地厚！

但是武則天沒有嫉恨她，更沒有迫害她，反而將這種指責視作對自己的一種警策，是一把難得的「匕首」。更認為治國非常需要這種專門找碴的人。懷著這種心情，武則天更加重用上官婉兒，封她為婕妤（宮中女官名），協助她擬敕制詔，還讓她監督自己的治國之策。

武則天的寬宏大度，讓上官婉兒心生感激，後來她看武則天政績顯著，深得當時中下層官吏的擁護，便改變了自己的看法，成了一位衷心擁護武則天的人。作為一代女皇武則天的心腹，上官婉兒以才女著稱。她不同於那些酷吏、宮廷武官和男寵，僅僅一時充當武則天鎮壓反對派的工具；也不同於那些治國能臣、忠勇將帥多是武則天政策的執行者。她是武則天的心腹筆桿，長期生活在武則天的身邊，一面精心侍奉武則天，一面在宮中為武則天代筆草擬敕詔，活躍在政治舞臺上，為唐初的政治社會繁榮做出了不可磨滅的貢獻。

觸類旁通

女皇武則天的一生，正如她給自己立下的無字碑一樣，「功過是非，任人評說。」說她狠毒也好，說她不守婦德也罷，但是沒有一個人否認她超人的智慧和才幹。她這樣一個女人做帝王，勝得過千千萬萬個鬚眉男子。

做皇帝不易，做女皇帝更不易，但她卻坐穩了那把龍椅，縱橫天下二十年，原因何在？私以為，像她對上官婉兒的這種寬容，這種豁達的心胸是一個非常重要的法寶。

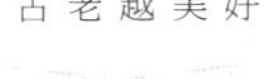

石勒雅量待下

石勒是後趙的創建者。他出身卑下，幼時家境貧寒，為人傭耕，當過農奴、奴隸。因為天下大亂，為窮困所迫做了強盜，以搶掠起家，後來竟擁有了十萬之眾的軍隊，便產生了圖謀天下的大志。

他雖然一字不識，但很謙虛，能聽進去讀書人的建議，如以張賓為謀主，言聽計從；而張賓也是很有謀略的人，計不虛發，算無遺策，使石勒從只知猛衝猛殺到能以智取勝。同時，他心胸寬廣，性格豪爽，對待部下非常寬容友好，故將士皆能歸心，為他拚死效力，最終統一北方。

建立後趙，登上皇位之後，石勒對昔日仇敵寬恕相待，團結起來以為己用。有一次，他回到故鄉，與鄉親父老們共餐對飲，十分愉快，閒聊到平生事跡。石勒在家的時候，跟李陽是鄰居，為了爭奪麻田，經常互相毆打。飲酒時，石勒沒看見李陽，便問：「李陽乃是壯士，為什麼不來？」又說：「為麻田起衝突是布衣百姓之間的爭鬥，我現在得到信任，擁有天下，怎麼會與百姓為仇呢？」於是派人去召喚李陽。李陽來到後，石勒與他舉杯共飲，撫著李陽的手臂笑著說：「我往日吃了你不少老拳，你也嘗盡了我的毒手，那都是過去的事了，也算是我倆的交情啊。」接著賞賜他一間住宅，任他為參軍都尉。

還有一次，參軍樊坦生活十分清貧，石勒升他為章武內史。樊坦入宮辭謝，石勒見到他衣服破爛，非常吃驚，問道：「樊參軍為何清貧至此啊？」樊坦性格質樸，照實回答道：「遭遇羯賊無道，所有的家產損失殆盡。」石勒笑道：「羯賊如此暴掠，現在我應該予以補償。」樊坦這才想起石勒正是羯族。羯族在後趙被稱為國人，說羯人為賊是觸犯律法的事情。因此大驚失色，立即五體投地求饒。石勒赦免了他，反而安慰他說：「我的律法是為了提防那些無賴的俗人，與你這樣的前輩無關。」便賞賜給樊坦車馬和衣服，還有錢三百萬。

觸類旁通

寬宏的度量，被稱為雅量，雅量是一種美德，所以為人們所稱道。心胸狹窄的人，往往計較雞毛蒜皮的小事，眼光短視而看不遠，成不了大器。

而為人君主者若能雅量待下，則天下必能歸心，朝政必能日盛。對石勒來說，難能可貴的是手握生殺大權之後能夠原諒原來的仇敵，更能容忍別人的無意冒犯。像這樣的人，必能達到人生所能實現的頂峰。

朕也喝醉了！

宋太宗時，為朝廷立下汗馬功勞的孔守正官拜殿前都虞侯。一天他和同為武將的王榮在北陪園侍奉太宗酒宴。

由於都是豪爽之人，兩個人推杯換盞，大聲談論戰場上的英雄之舉。不一會兒，孔守正就喝得酩酊大醉，就和王榮在皇帝面前爭論起守邊的功勞來。兩人越吵越氣憤，臉紅脖子粗，甚至忽略了太宗的在場，完全失去了下臣的禮節。侍臣奏請太守將兩人抓起來送吏部去治罪，太宗不同意，只是讓人送兩人回家。

第二天，兩人酒醒了，一齊到大殿向皇上請罪，太宗說：「朕也喝醉了，記不得有這些事。」兩人感激涕零，發誓更加努力的堅守職位，誓死效命。百官也特別佩服感念皇帝的寬容。

觸類旁通

身為天子，太宗面對兩個大臣酒醉之後在自己面前爭功的事情，必會心生嫌惡，但是在他們醒後請罪之時託辭說自己也醉了，既沒有丟失朝廷的體面，而孔守正他們也未嘗不知道警惕自己，豈不是兩全其美嗎？

作為君主坐擁四方，要駕馭群臣，沒有過人的度量是不可能做得舒心、做得成功的。現今為領導者，擔當著權衡大局的責任，也應該培養這樣的胸懷，才能使眾心歸一。

將相之量

陶朱公三散千金

居官為政，本是關乎國計民生的事，可是古代中國的官員卻不得不考慮更多的問題，那就是如何保全自己。可惜的是，能善始善終的為數不多，范蠡可說是其中的佼佼者，進能助人興國，退能發家致富，進退之間遊刃有餘，實為千古罕見。

范蠡，字少伯，春秋末期楚國宛人，年輕時師從奇人計然。越國大夫文種很賞識他的才能，便把他推薦給越王勾踐。勾踐和他縱論天下大事，深契於心，於是封他為大夫，成為勾踐的主要謀士。後來范蠡成為輔佐勾踐「臥薪嘗膽」復國的主要功臣。滅吳之後，勾踐封范蠡為上將軍，范蠡給勾踐上書說：「我聽說主憂臣勞、主辱臣死。當年大王受辱於會稽，我之所以沒死，只是為了今日。現在是我該為會稽之辱而死的時候了。」勾踐對他說：「我剛要把越國分一部分給你來酬答你的功勞，你如果不服從，我就殺了你。」范蠡知道是該急流勇退的時候了，他喟然歎息說：「我從計然那裡學到的本領，已經讓越國富強了，我再用在我自己的家上吧。」於是在一個深夜，范蠡攜帶金銀細軟，帶領家屬和手下，駕一葉扁舟泛於江湖，開始了經商致富之路。

范蠡到了齊國便改姓換名，親自帶著兒子們耕作於海邊，齊心合力，同治產業。由於經營有方，沒有多久，產業竟然達數千萬錢。齊國人聽說了范蠡的賢明，要請他做齊相。范蠡卻感歎道：「居官至於卿相，治家能致千金，這都是布衣百姓能達到的極致了。久受尊名，終不是什麼好事！」於是，他把家財都分給親友鄉鄰，只帶著一些珍貴寶珠，從小道離開齊國，來到了定陶，改名換姓為陶朱公。

由於定陶的地理位置很好，往來貿易非常發達，范蠡便做起了買賣，沒有幾年，又置下了千金的產業，一時聲名遠揚，天下人都稱讚陶朱公是最會做買賣的人。范蠡經商事業的成功，是與他卓越的經商思想分不開的。他成功地運用了計然交給他的經商原則，適時逐利，適應市場，絕不錯失良機，所以能夠「十九年之中三散千金」。最後其產業「遂至百萬」，受到了當時及後世人們的欽佩。范蠡也成了千百年來商人們膜拜的祖師爺，他們家裡常貼有對聯：「陶朱事業，端木生涯。」范蠡在經營中強調提前準備，加強預見，運用價格，調節生產，注意品

質，力戒粗濫，薄利多銷，加強周轉，這些都值得我們好好研究，並在實際中加以運用。

觸類旁通

由於范蠡的出色智慧，造就了春秋晚期吳、越爭霸的傳奇色彩，而范蠡本人也憑藉自己的才能，適度掌握著進退之間的步伐。相比起來，文種的結局就有些悲戚。

而且范蠡的智慧運用在商業中也是無人能比的，很快就能聚集大量財富。但也許他的興趣只在經營的過程，而錢財本身對他這種經歷過大富貴的人來說已經不重要了，於是他能夠輕易的分散它們，不為它們所累。這種經商、做人的豁達、膽識，讓人佩服不已。

「管鮑」之交

「管鮑」指的是西元前七世紀中國春秋時期的政治家管仲和鮑叔牙，他們倆是好朋友。管仲家裡比較窮，而鮑叔牙比較富有，但是他們之間彼此瞭解、相互信任。

管仲和鮑叔牙早年合夥做生意，管仲出很少的本錢，分紅的時候卻拿很多的錢。鮑叔牙毫不計較，他知道管仲的家庭負擔大，還問管仲：「這些錢夠不夠？」有好幾次管仲幫鮑叔牙出主意辦事，反而把事情辦砸了，鮑叔牙也不生氣，還安慰管仲，說：「事情辦不成，不是因為你的主意不好，而是因為時機不好，你別介意。」管仲曾經做了三次官，但是每次都被罷免，鮑叔牙認為不是管仲沒有才能，而是因為管仲沒有碰到賞識他的人。管仲參軍作戰，臨陣卻逃跑了，鮑叔牙也沒有嘲笑管仲怕死，他知道管仲是因為牽掛家裡年老的母親。

後來管仲和鮑叔牙都從政做官了，但卻各為其主。當時齊國朝政混

亂，王子們為了避禍，紛紛逃到別國等待機會。管仲輔佐在魯國居住的王子糾，而鮑叔牙則在莒國侍奉另一個齊國王子小白。不久齊國發生暴亂，國王被殺死，國家沒有了君主。王子糾和小白聽到消息，急忙動身往齊國趕，想搶奪王位。兩支隊伍正好在路上相遇，管仲為了讓糾當上國王，就向小白射了一箭，誰知卻射到小白腰帶上的掛飾，沒有傷到小白。後來小白當上了國王，歷史上稱為「齊桓公」。

齊桓公一當上國王，就讓魯國把王子糾殺死，把管仲囚禁起來。齊桓公想讓鮑叔牙當丞相，幫助他治理國家。鮑叔牙卻認為自己沒有當丞相的能力，大力舉薦被囚禁在魯國的管仲。鮑叔牙說：「治理國家，我不如管仲。管仲寬厚仁慈、忠實誠信，能制定規範的國家制度，還善於指揮軍隊，這都是我不具備的。所以陛下要想治理好國家，就只能請管仲當丞相。」齊桓公不同意，他說：「管仲當初射我一箭，差點把我害死，我不殺他就算不錯了，怎麼還能讓他當丞相？」鮑叔牙馬上說：「我聽說賢明的君主是不記仇的。更何況當時管仲是為他的主子效命。一個人能忠心為主人辦事，也一定能忠心地為君王效力。陛下如果想稱霸天下，沒有管仲就不能成功。您一定要任用他。」齊桓公終於被鮑叔牙說服，將管仲接回齊國。

管仲回到齊國，當了丞相，而鮑叔牙卻甘心做管仲的助手。在管仲和鮑叔牙的合力治理下，齊國成為諸侯國中最強大的國家，齊桓公成為諸侯王中的霸主。

鮑叔牙死後，管仲在他的墓前大哭不止，想起鮑叔牙對他的理解和支持，他感歎說：「當初，我輔佐的王子糾失敗了，別的大臣都以死誓忠，我卻甘願被囚困，鮑叔牙沒有恥笑我沒有氣節，他知道我是為了圖謀大業而不在乎一時之間的名聲。生養我的是父母，但是真正瞭解我的是鮑叔牙啊！」

管仲和鮑叔牙之間深厚的友情，已成為中國代代流傳的佳話。後世人們常常用「管鮑之交」，來形容自己與好朋友之間親密無間、彼此信任的關係。

觸類旁通

無論誰來評價鮑叔牙這樣的人，都無法否認他的高尚，他的寬容、無私讓所有自私狹隘的小人汗顏。

做生意能忍受夥伴的貪婪，打仗能忍受兵士的膽怯，甚至能理解對方的「失節」，在關鍵時刻還能為他說話，推薦他為宰相，自己甘為其下。對於鮑叔牙，管仲用「知己」相稱，我們也許只能說他是「聖人」了。聖人之德，我輩學其一二足矣。

韓安國不計前嫌恕獄吏

韓安國是西漢時期影響較大的著名政治家之一。出生在今汝州市小屯鎮，自幼博覽群書，特別喜歡戰國法家學說韓非子的著述，成為遠近聞名的辯士與學問家。後到梁孝王幕下任中大夫，得以接觸政治，成為梁孝王身邊的得力謀士。

吳楚七國之亂時，梁孝王拜韓安國為將，統帥梁國兵馬，協助中央王朝平息了吳楚之亂。從此韓安國威名傳播四方。後來韓安國以自己的才華為梁孝王開脫罪名有功，被漢景帝委任為梁國內史，直接對朝廷負責。在此期間，他又幫助梁孝王和漢政權化解了幾次危機，深得漢景帝的信任。

漢武帝時，韓安國任北地都尉，後任御史大夫，進入漢王朝中央政權的核心圈子。韓安國根據國家現狀，提倡與匈奴和親，使漢王朝北方多年無戰事。

在韓安國還是梁國大將軍的時候，曾經有一次因為意見與梁王不同，得罪了梁王，梁王一氣之下把他打入監獄。田甲是漢朝的獄吏，待人十分苛刻，韓安國坐牢時，常常受到他的侮辱。給他吃的食物裡總是摻有砂土，很少給他水喝，所飲的也都是污水，還經常用惡言惡語罵他。有一天韓安國對田甲說：「灰燼難道不會復燃嗎？你就不怕我有一天東山再起？」田甲輕蔑的說：「要是灰燼再燃起來，我就撒一泡尿澆滅它。」

過了不久，梁國內史的職位空缺，漢朝廷派使者任命韓安國為梁國內史，從囚徒中起家，擔任兩千石級的官員。田甲知道後，嚇得渾身顫抖，急忙袒露前胸前去謝罪。韓安國說：「我不會跟你計較的，以後你要接受教訓，善待他人，做一個好人。」

田甲萬分感激的說：「大人不計前嫌，真是君子胸懷啊！」

觸類旁通

社會是複雜的，人的處境不可能固定不變，應該學會正確的對待和恰當的處理個人所處的不同境地，又要善於正確對待身處逆境中的人。

人格是有品位之分的，取得成就不驕傲，處身逆境不自餒。對取得成就的人欽佩，對身處逆境的人同情，才是正確的對人態度。

班超不計前嫌遣李邑

班超是東漢名將、政治活動家，今陝西咸陽人。父親班彪、兄長班固均為著名史官。班超少時博覽群書，三十歲遷居洛陽，以繕寫謀生。後立志效法張騫，投筆從戎，建功西域。

西域自西漢即歸附漢朝，與中原關係密切。王莽代漢，匈奴趁機進占西域。西域諸邦不堪匈奴凌虐，請求歸漢。明帝永平十六年，班超隨奉車都尉竇固攻北匈奴，以假司馬職率軍襲取伊吾後，受命率六人出使西域。

班超一行在西域聯絡了很多國家與漢朝修好，但龜茲恃強不從。班超便去結交烏孫國。烏孫國王派使者到長安來訪問，受到漢朝王庭熱情款待。過了一段時間之後，烏孫國的使者打算返回，漢章帝便派衛侯李邑攜帶大量禮品同行護送。

李邑等人經天山南麓來到于闐，忽然傳來龜茲攻打疏勒的消息。李邑懼怕，不敢前進，於是上書朝廷，中傷班超只顧自己在外享福，不思中原，還說班超聯絡烏孫牽制龜茲的計畫是根本行不通的。

班超後來聽說了李邑在從中作梗，歎息道：「我不是曾參，被人家說了壞話，恐怕難免見疑。」便給朝廷上書申明情由。

漢章帝相信班超的忠誠，下詔責備李邑說：「即使班超自己不思中原，難道跟隨他的一千多人都不想回家嗎？」詔書命令李邑與班超會合，並受班超的節制，還同時詔令班超收留李邑，與他共事，繼續發展與西域各國的友好關係。

李邑接到詔書，無可奈何地去疏勒見了班超。

班超不計前嫌，友好地接待李邑。他改派別人護送烏孫的使者回國，還勸烏孫王派王子去洛陽朝見漢帝。烏孫國王子啟程時，班超打算派李邑陪同前往。

有人對班超說：「過去李邑誹謗將軍，破壞將軍的名譽。這個時候正好奉詔把他留下，另派別人執行護送任務，您怎麼反倒放他回去呢？」

班超說：「如果把李邑扣下的話，氣量未免太小了。正因為他曾經說過我的壞話，所以讓他回去。只要一心為朝廷出力，就不怕人背後詆毀，如果為了自己一時痛快，公報私仇，把他扣留，那就不是忠臣的行為了。」

李邑知道後，對班超十分感激，從此再也不謗毀他人了。

觸類旁通

生長於文明之邦，在環境、政治條件都很惡劣的條件下，主動要求開通西域，恢復漢朝與西域各國的友好往來，做這樣的事情很有風險，對外可能有生命危險，對內由於與中央王朝相隔甚遠，缺乏通信，容易受到小人誣衊。但是班超置這些於不顧，堅持實現自己的宏大理想，終於成為千古留名的一代外交家、政治家。

正因為面對著這許多風險，才需要既敏感小心，又豁達大度，班超對李邑的寬容，不僅證明了自己心胸，還團結了人心，更加有利於共同的事業。

呂蒙豁達不計前嫌

呂蒙是三國時候吳國的著名將領。他出身貧寒，年少時讀書不多，在軍中雖然官品不低，但仍然遭到了豪門出身的將領的鄙視。

有一次魯肅領軍去陸口鎮守，路過呂蒙的駐軍地。魯肅一直瞧不起呂蒙，根本不打算去看望他，但有人勸他說：「呂將軍功名顯赫，不可用以往的態度對待他呀！大將軍應該去拜訪他。」魯肅聽過之後心裡想：既然路過此地，歇歇腳也好。於是令所部就地休息，自己帶著幾個人去見呂蒙。呂蒙熱情地設宴款待魯肅。席間他問魯肅：「將軍您受重任往鎮陸口，與蜀國大將軍關羽為鄰，不知道將軍有何計略用來對付他呢？」魯肅沒想到呂蒙會提出這樣的問題，一時之間也答不上來，便很不高興的說：「臨時計議吧。」呂蒙已經察覺到了魯肅的態度，但他毫不計較，仍然熱情的說：「關羽是一員猛將，將軍您還是預先定計為妙。」接著他又獻上五條策略，請魯肅參考。魯肅聽了，喜出望外，他不但佩服呂蒙的才能，更敬佩他的度量。自此，兩個人成了互助互敬的

親密朋友。

數年以後，呂蒙升任虎威將軍。一天，孫權請呂蒙一起議事，談及豫章太守病故後的補任之事，呂蒙提到了江夏太守蔡遺可任此職，大家都很吃驚。蔡遺曾是呂蒙的上級，呂蒙因知識水準低不會寫疏章，常遭他的訓斥。孫權聽了呂蒙的推薦，笑著說：「以前蔡遺恥笑你無能，你不記恨他嗎？」呂蒙回答說：「當初我確實無能，不是蔡太守的激勵，我可能就不會有今天！蔡太守才德兼備，處事公正，理應得到重用。」孫權讚許說：「你真像『外舉不避仇，內舉不避親』的晉國大夫祁奚呀！」不久，蔡遺就上任豫章太守。

呂蒙部下有個叫甘寧的將領，武藝高強，是一員難得的猛將，但他高傲任性，時常頂撞呂蒙，有時甚至以自己的資歷和功勞公開奚落呂蒙。呂蒙念他作戰勇猛，只是對他進行勸導，從來沒有處罰過他。

東漢建安二十年，孫權、呂蒙帶著甘寧等將領進攻曹操控制的合肥。因為甘寧違抗命令，孫權一怒之下要把他推出去斬首。呂蒙得知後趕緊去勸說孫權，替甘寧求情：「主帥息怒，眼下天下未定，正是用人之際，甘寧這樣的猛將實在難得，就饒恕他這一次吧，我負責對他進行勸導。」孫權看呂蒙替他說話，慢慢不再生氣了，就准許他戴罪立功。從此，甘寧也被呂蒙感化了，一改以往的惡習，為輔佐孫權開創基業立下了赫赫戰功。後來當孫權攻城失利後，甘寧奮勇當先，阻截追兵，使全軍安全脫險。

觸類旁通

呂蒙作為一名沒有什麼學識的武將，多為所謂的飽學之士瞧不起，但他虛心待人，雖屢立戰功，地位顯赫，也從不以此欺壓人；對下屬的頂撞、為難也不予計較，關鍵時刻還站出來為這樣的多刺下屬說話，可見度量之大。

胸懷與所掌握的文字知識並沒有什麼必然關聯，那些滿腹詩書的人如果心胸狹隘的像塊酸豆腐，就可能反倒不如閱歷滄桑的鄉野老農了。

蔣琬雅量待下

蔣琬是三國時蜀國的大臣，處事得體，為人寬厚豁達，很得劉備和諸葛亮的器重。諸葛亮臨終前密表後主劉禪：「後事宜以付琬。」諸葛亮死後，蔣琬任尚書令，領益州刺史，升為大將軍，不久又加為大司馬。

蔣琬執政十二年，主要的工作是穩定蜀國內部局勢，並積極備戰。諸葛亮執政期間，一直奉行休養生息與出兵北伐相結合的戰略，量力而行，力盡則止。到蔣琬執政時，不僅是量力而行，同時也是量才而為，蔣琬知道自己的才能和諸葛亮有差距，便不肯冒險出兵。

《三國志・蔣琬傳》記錄了他大度容下的兩個小故事，讀來耐人尋味。一個是：東曹掾楊戲素來性格簡慢，蔣琬跟他說話，他經常不應不答。有人在蔣琬面前說：「公與楊戲說話，他都不答。楊戲輕慢上司，不也太過分了嗎？」蔣琬說：「人心不同，各如其面。面從後言，古人之所誡也。楊戲要是贊同我，表示肯定的話，那就違反了他的本意；要是反對我的意見，那就顯揚了我的缺點。所以，默然——這正是楊戲的耿直之處。」

另一個故事是：負責督察農務的楊敏曾詆毀蔣琬，說他「做事糊塗，確實趕不上以前的人」。主管官吏請求追究楊敏詆毀上司之罪。蔣琬說：「我實不如前人，沒有什麼可追究的。」主管官員又請允許他去責問楊敏所指糊塗的具體表現何在，蔣琬說：「苟其不如，則事不當理；事不當理，也就是糊塗了。還有什麼可問的呢？」後來楊敏因罪被拘，眾人擔心他一定會被處死。蔣琬卻不以個人親疏恩怨決斷，楊敏終於得免重罪。

觸類旁通

大權在握的蔣琬很有自知之明與知人之明，不計個人恩怨，更不以別人對自己的態度來判斷是非、定人罪責，而是寬厚待人，雅量容下，誠為可貴。部屬說話聲音稍高一點，就以為是對自己不恭；或者下級一提不同意見，就認為是頂撞自己。這樣的領導者，照一照蔣琬這面鏡子，是否該感到臉紅？

射牛不問

隋朝初年的秘書監牛弘，後來拜為吏部尚書，他年少好學，博覽群書，曾對我國古籍的搜集、整理有過較大的貢獻。牛弘年少生活流離，為官後依然儉樸，侍奉皇帝盡到禮節，對待下屬寬容仁厚，不善言談卻恪盡職守，史載「學優而仕，有淡雅之風，懷曠遠之度」，被稱為「大雅君子」。

牛弘不僅在文帝一朝始終得到信任，後來的煬帝也很器重他，曾允許他與皇后同席吃飯，這在當時是了不起的禮遇，但牛弘依然車服卑儉，對人寬厚謙讓。他不但官場上關係處理得好，而且家庭也十分和睦。

他有一個弟弟牛弼，喜歡喝酒，而且常常喝醉。有一次喝醉後，竟射死了給牛弘駕車的牛。須知，在隋朝初年，因為此前連年戰爭，社會經濟非常不好，很多高官平時出行就是用牛駕車的。牛弼把哥哥駕車的牛給射死，就等於損毀他的公務用車，闖了大禍了。

等牛弘回到家時，他的妻子就迎上去給他說：「小叔把牛射死了！」一臉的惱怒與不平。但牛弘聽了，神色絲毫不變，隨口說道：「那就做成牛肉乾吧。」妻子愕然，以為他沒聽清楚，等他坐定後，妻子再次說：「小叔子無緣無故把牛給射殺了，這也太奇怪了，難道你不打算管嗎？」不料，牛弘還是若無其事的說：「沒什麼大不了的，牛既然已經死了，正好做成牛肉乾大家食用，剩下的做湯。」過一會兒，他妻子又嘮叨起殺牛的事。這時，牛弘才說道：「我已經知道這件事情了。」臉色像平時一樣溫和，一點沒有生氣的樣子，甚至連頭也沒抬。說完，便不再理會妻子，繼續看自己的書了。

妻子見丈夫這樣大度，感到很慚愧，從此不再提殺牛這件事了。因此，牛家門內更加和氣，再也聽不到閒言碎語了，弟弟也收斂了許多。這就是歷史上著名的「射牛不問」的故事。

觸類旁通

牛弘知道弟弟射死了自己珍貴的牛，仍然面不改色，不多問，平靜的交代應該做成牛肉乾以便食用，對弟弟的過錯並不打算追究，可見豁達寬容之心！

對妻子的告狀，他順勢接過，冷然一語，不但掃卻了他人的口舌，同時又為倫常之間的和睦相處添樹一法，值得學習。

徐世勣推功

在戰亂時代，榮華富貴多在一夜之間而來，一夜之間而去；尤其是對武將來說，建功沙場，然後論功領賞是很正當的。但是就有一些人心胸豁達、眼光長遠，不計較一時得失，謙虛謹慎，一再推功，反而更加得到信任。徐世勣就是因為推功，而獲得了唐朝兩代帝王在政治上的信任和重用。

徐世勣是今山東人，家裡十分富有，積攢了大量的糧食，性格豪爽、豁達，喜好不問親疏的救濟窮人和處於困頓中的人。隋末天下大亂，剛開始他追隨了翟讓，後從李密起義。李密被隋朝將領王世充打敗，帶領眾人投靠了唐軍。這時，徐世勣仍然堅守黎陽倉，所占據的地方東至于海，南至于江，西至汝州，北至魏郡，他對長史郭孝恪說：「魏公（李密）已經歸順了大唐，現在這裡的人口和土地是魏公所有的。我如果上表獻給唐軍，就是趁著主子戰敗，自己居功邀賞，這是讓我感到恥辱的。現在最好是準備好州縣和軍隊的人口冊子，全部交給魏

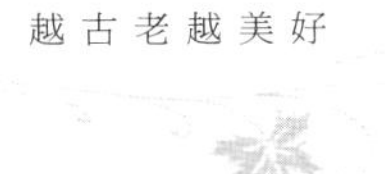

公，請魏公自己抉擇，這就是魏公的功勞了。」於是，便派使者去見李密，並說明情況。

黎陽倉是隋朝重要的糧倉，雖然起義軍用過一部分，但所存的糧食仍然很多，而且所占據的地方廣闊，人口眾多。況且，此時李密對他已經沒有任何的管制，如果他直接向唐獻上表示降服，可以為己邀功而得到重賞的。但徐世勣並沒有這樣做，而是讓李密獻降，推功於故主，表現了他的謙讓和忠厚。

唐高祖知道這件事後，對他非常讚賞，高興的說：「徐世勣感德推功，不忘舊主，實在是純臣、忠臣啊！」於是，下詔封他為黎陽總管，加封上柱國、萊國公，之後又升為武衛大將軍，改封曹國公，賜姓李。後來因為犯了唐太宗李世民的名諱，將「世」去掉，故稱李勣。

後來李勣隨唐太宗征伐多建功勳，得到恩寵，李世民曾對他說：「朕欲託孤，思來想去，沒有人比你更合適了。你以往能不負李密，現在怎麼可能辜負朕呢？」等到太宗病危，委以托孤重任。等到高宗繼位，就任尚書左僕射，官至司空，無人能夠超越。

觸類旁通

為人心胸豁達，不計較雞毛小利，於有意無意間表現自己忠厚的本性，必能打動人心，尤其若為領導者所識，必有回報。

徐世勣推功並非惺惺作態，而是他一貫的豁達作風使然。這一作為使他失去了表功的機會，但卻被明君欣賞、重用，達到了為人臣者的終極富貴。

契苾何力義釋仇人

契苾何力是鐵勒族的酋長。唐朝初年，鐵勒族歸附於唐朝中央政府，契苾何力也就成為了唐太宗手下的一員大將。

貞觀後期，唐太宗率軍遠征遼東的高麗，命契苾何力為前軍總管。唐軍與高麗的軍隊在白嚴城展開激戰，雙方投入都很大，兵力相當，損傷都不小。契苾何力身先士卒，作戰英勇，卻被一位高麗將領砍傷腰部，傷勢很重。回來之後，唐太宗看到後很是痛心，親自為他換藥，經常詢問他的病情。

不久白嚴城被唐朝的軍隊攻破，軍士們俘虜了砍傷契苾何力的高麗將領。唐太宗把仇人交給契苾何力，讓他親自處決，以報被砍之仇。契苾何力非常感激皇帝的厚愛，行過禮後，對唐太宗說：「皇帝陛下對臣的深情厚誼我很感激，但是我不願處決他。高麗將領也是為他的國家效命，冒著被殺的危險砍傷我，這是義勇之士，我不怪罪他。」說完，就釋放了這名高麗將領。唐太宗進一步認識了契苾何力的豪爽和豁達，也更加欣賞、重用他了。

觸類旁通

身為馬上英雄，日日征戰於沙場之上，殺敵無數，卻也不是無原則的，也並沒有養成殘忍的習慣，仍然是講究仁義，看重勇士。在你死我亡的戰爭中被傷，差點搭上性命，在占上風之後並不趁機報仇，反倒對他的忠心和勇氣予以肯定，放過了生死仇人，契苾何力的度量讓人不得不佩服。

狄仁傑不記人過

狄仁傑早年在汝南任過地方官，因為政績顯赫，剛正廉潔，後來被武則天擢升為鳳閣鸞臺平章事（相當於宰相），權重整個朝野。

一天武則天對他說：「你在汝南，政績突出，很得民心，但朝中仍有人說你的壞話，你想不想知道他是誰呀？」狄仁傑當即叩頭致謝，鄭重的說：「陛下您認為我有錯，我一定會認真改正。您直言對我講這件事，是對我莫大的信任，我很感激，但我並不想知道是誰在背後議論我。」武則天十分奇怪，忙問這是為什麼。狄仁傑回答道：「假如我不知道說自己壞話的人是誰，我會與他和睦相處；如果我知道了他是誰，即使我不想，也會不自覺地在心裡對他產生不好的印象，這對我們同朝共事不好，所以我不想知道。」武則天聽後，對狄仁傑這種寬厚豁達的態度大為讚賞，更加看重他了。

觸類旁通

自己已經位列宰相，權傾朝野，要在一般人，一定會主動找出異己者，冷落他們，甚至對他們排擠打擊，以鞏固自己的地位。但狄仁傑不是這樣，在皇帝主動告訴他時，他仍然拒絕知道這個人是誰，以免對他產生嫌惡。

我們都不是聖人，不能保證對那些曾經誣衊過我們的人毫無嫌棄之意，所以有時候不妨裝糊塗，不要對什麼事情都追究得那麼清楚。放開胸懷，真誠待人，尤其是忠於職守、遵紀守法，自然會堵住某些人的口。

代宗寬待小兒言

郭子儀是唐朝中後期的著名大將，平安史之亂，合回紇，破吐蕃，平叛亂，對唐玄宗、肅宗、代宗三朝都是有大功勞，官至太尉、中書令、汾陽王，號「尚父」，地位極其尊貴。但郭子儀行伍出身，為人豁達，不拘小節，從不計較名位這些虛幻的東西。

郭曖是郭子儀的第六子，十幾歲的時候就娶了唐代宗的第四女昇平公主。小夫妻十分恩愛，但因家庭瑣事太多，兩人都是年少氣盛，難免發生口角。

有一次郭曖與昇平公主鬧矛盾，大聲爭吵，郭曖罵公主：「你別仗著你父親是天子，就以為自己有多了不起！我父親是不想做天子才讓給你父親的。」公主聽了，覺得特別委屈，就哭著跑回宮裡向父皇奏明。代宗聽完，語重心長的對女兒說：「其實他說得有道理，的確是郭公不想做天子。如果他不嫌棄這個位子，這江山社稷應該是他家所有的。」

說著就流下了眼淚，然後命令女兒趕緊回去，向郭曖道歉，兩人重歸於好。

郭子儀知道這件事以後，立即綁了兒子郭曖，親自到朝堂上來謝罪。代宗滿臉笑容地安慰他說：「常言道：『不癡不聾，不作家翁。』小兒女之閨帷之言，咱們用得著聽嗎？」但郭子儀還是覺得兒子竟然口出狂言，太不應該了，堅持打了他幾十大板。

代宗用一句諺語就點破了做家長的原則，把應該限定在家庭範圍的事情化解了。倘若遇到心胸狹隘的、愛較真的皇帝，非要把郭曖按「犯上」、「蔑君」之罪論處。

觸類旁通

「不癡不聾，不作阿家阿翁。」裝聾扮癡，糊塗過去，這是處理家事的好辦法。皇帝也有家，難就難在很多做皇帝的以家為天下，分不清什麼是閨帷之中的口角小事，動輒運用生殺大權，有的可以糊塗過去的偏要認真起來，造成多少遺憾。

可佩的是代宗能夠把別人的犯上之言化解在閨帷之內，沒有擴大化，反而用這個教育自己的金枝玉葉不可傲氣霸道，知道這天下江山並非來得理所當然，真可謂明智豁達。

呂蒙正雅量過人

呂蒙正，字聖功，河南洛陽人。太平興國二年，考中進士第一名，也就是中了狀元。因為得到宋太宗的賞識，入仕後被召為翰林學士，後升右諫議大夫，參知政事，賜第麗景門。太宗勉勵他說：「大凡士人未發達之時，看到當世之務違背常理，心裡便快快不樂。等到位列眾臣，有機會獻計的時候，雖然不一定所言必中，但一定要知無不言，言無不盡。朕也不會以崇高自恃，使人不敢說話的。」

呂蒙正初入朝堂，有朝士指著他說：「這個人也要參政嗎？」呂蒙正裝作聽不到就走過去了。同列官僚為他鳴不平，主張查出來說這話的人是誰，呂蒙正急忙制止他說：「不可，一旦知道他的姓名，便終生不能忘記，還不如不知道好些。」時人都佩服呂蒙正的雅量。

呂蒙正對涉及自己的是非，也不爭辯，讓事實來澄清。他初為相時，蔡州知府張紳因貪贓被免職，有人反向太宗告狀說是因為呂蒙正貧

窮時向張紳借錢，張紳沒有借給他，所以找機會報復張紳的。太宗竟然相信了他的話，下令恢復了張紳的官職，而呂蒙正並不予爭辯。後來，事實證明張紳確實是貪污，太宗對呂蒙正說：「張紳果然貪贓枉法。」呂蒙正還是沒有為自己分辯，也沒有感謝太宗。因為事實已經說明呂蒙正處分張紳是為公而不是為私的。

呂蒙正對於個人是非從不計較，但是對於有關國家和人民的大事，一直都很認真，一點也不馬虎，還敢於向皇帝直諫。太宗在元宵節設宴，呂蒙正也參加了。太宗高興，盛言誇讚京城繁榮，呂蒙正當即離席，指出城外饑寒而死者甚多，要求太宗設法以紓民困。太宗臉色為之一變，默不作聲，群僚一邊害怕，一邊在心裡暗暗敬佩呂蒙正能夠以人民利益為重，敢於觸犯龍顏，敢言敢諫。

太宗打算派使者到朔方，讓呂蒙正推薦人選，呂蒙正經過考慮推薦了一個人，但太宗覺得不合適，堅決不同意。後來太宗三次問起，呂蒙正每次都推薦同一個人，太宗對左右的人說：「呂蒙正的氣量，我是比不上啊。」於是就任用了呂蒙正所推薦的人，果然很稱職，圓滿地完成了使命。呂蒙正薦人不論親疏，決定於此人是否有才能和是否稱職；他能知人，也是因為選才出於公心。

觸類旁通

在初入仕途之時受到譏諷，卻能完全容忍，不予追究，這是一個年輕人難得具有的涵養。在後來，受到誣陷也能不慌不忙，用事實說話，這也不是一般喜歡著急上火的俗人所能做到的。

但容忍不是無原則的，遇到與國家、人民的利益密切相關的事情，即使是天子，也敢於冒犯。人一時的坦率和公正固然可佩，但如果能一生都做到公正無私就更難能可貴了。

王安石大度勸東坡

蘇東坡從外任回到京城，去拜訪身為太師的王安石，剛好趕上王安石正在休息，於是他就被引到書房等候。在書房，東坡看到了王安石的〈詠菊〉詩，前兩句是：西風昨夜過園林，吹落黃花滿地金。蘇東坡笑這兩句詩是亂道，菊花開於深秋，其性屬火，敢與秋霜鏖戰，最能耐久，並不會隨秋風落瓣，說「吹落黃花滿地金」豈不錯誤？蘇東坡興之所發，不能自已，舉筆依韻續詩兩句：秋花不比春花落，說與詩人仔細吟。後來覺得未免過於草率，匆匆騎馬離去。

後來蘇東坡在被貶地黃州親眼目睹了菊花落瓣，了解到錯改了王安石的詠菊詩，想向太師賠罪，只是找不到進京機會。

冬至臨近，馬太守決定把派官上朝進賀表的事交給蘇東坡，賀表也由蘇東坡來寫。東坡得到這個機會十分高興，記起了到黃州上任時王安石囑咐他取瞿塘峽水之事。當時因對被貶黃州心中不服，鬱悶極了，竟然忘了這件事，現在想起來了，一定要辦妥。

於是蘇東坡決定從水路走，順便取中峽之水。沒想到船隻順流而下，一瀉千里，因顛簸勞頓，身體困倦，不覺睡了過去，也沒有吩咐手下打水，到醒來時，已是下峽，中峽已過了一會兒了。他趕緊吩咐撥轉船頭，去取中峽水。但逆水行舟，很是費勁。途中遇見一個老者，東坡問三峽哪一峽水好些，老者說：「三峽水日夜不斷，難分好壞。」東坡於是想：「既然難以區分，何必一定要取中峽之水呢？」於是便叫水手把下峽水裝滿了一甕，到京城之後便去拜訪太師王安石。

蘇東坡先是對錯改詩句一事表示謝罪，拜伏於地。王安石和善地說：「你之前沒看見過，根據自己的見聞改了詩句，這不怪你，不必內疚。」然後便問起託他取中峽之水的事，東坡忙說已經帶來了。王安石趕緊叫人取來甕，命令下人生火煮水，沖泡陽羨茶，但茶色半晌方見。

王安石問：「此水何處取來？」東坡答：「巫峽。」王安石說：「是中峽水嗎？」「正是。」東坡故作認真，想蒙混過去。王安石笑著說：「又來欺負老夫了，此乃下峽之水，為何偏說是取自中峽？」

蘇東坡大驚，說是問過了當地有經驗的老者，老者說三峽水都是一樣的，於是聽信了他的話，順便取了下峽之水，並急忙問：「老太師是怎麼辨別出來的呢？」

王安石耐心地教育他讀書人不可輕舉妄動，凡事要窮究根底，並向他解釋：「上峽水性太急，下峽太緩，只有中峽水緩急相伴。太醫院的醫師知道老夫患有中脘變症，故用中峽水引經。此水煮陽羨茶，上峽味濃，下峽味淡，中峽濃淡之間。今見茶色半晌方起，所以知道是下峽之水。」

東坡聽後，心悅誠服，離席謝罪。王安石又寬容的說，他並沒有什麼罪，只是過於聰明，反被聰明所誤，容易疏略一些實際的東西而已。

觸類旁通

改詩和取水這些事，蘇東坡幸虧是遇見了心胸大度、不以位壓人的王安石，倒也沒有什麼。若是遇到了什麼心胸狹隘的高官或者皇帝，那他就要為自己的小聰明付出慘重的代價了。

我們做事要實事求是，凡事弄明白之後再做出判斷或者下結論，以免做錯事。而被無意之失傷害的人，也不妨學學王安石，豁達處之，就事論事，不要上綱上線，甚至公報私仇。

呂端不慮風波之言

呂端是北宋名相，為人曠達寬厚，對降職升官之類的事情處之泰然，別人背後議論他的長短或者說他的壞話，他都不計較，也不會影響他的情緒。

呂端年少時聰明好學，因為父親的原因得以蔭封官職。進入宋朝以後，任成都府知府，為政清廉簡樸。太宗時，升為樞密直學士，不久拜參知政事。當時，趙普為中書，對呂端評價很高，說：「我看呂公奏事，受到嘉獎沒有大喜過望，遇到挫折也沒有絲毫畏懼，喜怒不形於色，真是臺輔之器啊！」他與官位相當的人從來不爭名次，甘居他人之下。左諫議大夫寇準拜為參知政事，呂端奏請居於寇準之下，太宗卻以呂端為右諫議大夫，位在寇準之上，經常在便殿單獨召見他，談到日影西斜，足見太宗對他的器重。

呂端長得一表人才，有器量，為人寬厚，喜愛說笑話，是個笑口常開的樂天派，雖然屢經升降，卻未嘗因為這些得失而傷懷。呂端還擅長與人交往，樂善好施，很少過問家事。由於他為人寬厚不計較小事，竟被人說為「糊塗」。後來呂端代替呂蒙正為相，老成持重，識大體，以清簡為務。因為他與寇準同列，卻先居相位，惟恐寇準不平衡，就奏請參知政事與宰相分日值班。其謙讓如此，太宗訓諭：「自現在開始，中書事必須經過呂端詳酌，然後再奏給朕。」呂端更加謙讓了，認為自己不能勝任。

呂端對名位謙讓，不計較小事，但他大事確是不糊塗。李繼遷擾亂西部邊界，其母被宋軍擒獲，太宗經過與寇準商量，決定將她斬首，呂端立即進諫說：「不可。古時項羽得高祖劉邦之父，欲烹之，高祖卻說：『願分我一杯羹。』凡是舉大事者皆不顧其親，更何況繼遷這類悖逆之徒呢？陛下今日殺了他的母親，明天難道就可以擒獲他了嗎？如果不能，白白地結下怨仇，更加強了他的叛逆之心。」太宗聽了覺得有理，接著問：「那依你之見，該怎麼辦呢？」呂端回答說：「以臣愚見，最好把她安置在延州，派人好好奉養她，以招降，即使不在當時就投降，也能牽繫住他的心。而他母親的生死之命也是由我們說了算

的。」太宗聽了連連點頭，不高興地對其他人說：「你們這些人，差點誤了我的大事。」就採納了呂端的策略。後來李繼遷的母親病死，不久李繼遷也死了，他的兒子投降了宋朝，終於完成了太宗的一樁心願。

呂端為官清廉，家無儲蓄，等他去世之後，子女竟然窮得不能婚嫁，只好將房屋典當出去。宋真宗知道這件事後，從國庫裡撥出五百萬錢，才把他家的房屋贖回來。

觸類旁通

一般人中多有笑口常開的樂天派，但一旦為政，尤其是位列朝廷，便會變得整日憂心於外，謹慎小心。呂端身為宰相，竟然能夠保持「小事糊塗」的本色，喜愛說笑，不計較一時得失，不慮風波之言，對升遷貶謫之事處之泰然，其修為著實令人佩服。為官卻能不計較名位，經常保持謙讓的心態，不認為自己高升乃理所當然之事，能夠時刻為別人著想，善於平衡別人的心理，這都是許多「身在江湖」中的人所不能及的，非要虛懷若谷不可。

宰相肚裡能撐船

李沆在宋真宗時任宰相，有一天他在途中被一個儒生攔住上書，慷慨陳詞，歷數其短。沒想到，李沆不但絲毫沒有發怒，反倒向他致謝，謙遜的說：「等回家，我一定會慢慢自己看的。」儒生還以為是李沆對他怠慢，十分不滿，跟隨著李沆，一路斥責說：「你身居高位卻不能兼濟天下，還不願意引退，長時間地堵塞賢人上進的道路，難道你心裡一點也不愧疚嗎？」李沆恭恭敬敬地答道：「我多次請求引退，但主上都沒有應允。」儘管被這樣一位不知名姓的儒生當街斥責，李沆臉上始終沒有一點怒色。

其實李沆並非儒生所說的「居大位不能濟天下」的宰相。宋真宗對他的評價是：「沆為大臣，忠良純厚，始終如一。」事實的確如此，他在職期間，對國家是有貢獻的。

李沆十分好學，器度宏遠。中進士後，任著作郎，應試得到宋太宗

的賞識，召入翰林院為學士，後來又任給事中、參知政事。到宋真宗即位，以本官平章事，兼修國史，改任中書侍郎。契丹犯邊，真宗親到前線督戰，命李沆留守，後來累加門下侍郎、尚書右僕射。

李沆辦事，以國家利益為重，如果真宗所為有錯，敢於抗爭。比如真宗手詔欲立劉氏為貴妃，李沆認為不合適，便當著使者的面，用蠟燭焚燒了詔書，並附上奏言：「臣以為不可。」真宗果真聽從了他的話，此事作罷。每當他有所奏，都是當眾面奏，從來沒有什麼密奏，真宗對他說：「人人都有密奏，唯獨你沒有，這是為什麼呢？」李沆答道：「臣是待罪宰相，是公事就公開來說，怎麼用得上密奏？但凡人臣有密奏者，不是進讒言就是佞臣，這是我最厭惡的，怎麼會效仿呢？」李沆在家時絕不跟人談論公事。

李沆善於瞭解人的才能、品德，平生最恨讒佞之人。寇準開始時與丁謂交好，屢次以丁謂之才向李沆推薦，李沆卻一直不用丁謂。寇準問他，他說：「看他的為人，可以讓他位居人上嗎？」寇準反問說：「就像丁謂這樣的人，先生能壓抑他，讓他久居人下嗎？」李沆無奈的搖了搖頭，笑說：「他日後悔，當思吾今日之言也。」後來，寇準果然為丁謂構陷，才開始佩服李沆有高見。

李沆對國事、人事能堅持原則，又非常愛民，以《論語》中的「節用而愛人，使民以時」為治民指導思想，很得聖心、民心，時稱「聖相」。正因他為人「忠良純厚」，對國、對民無愧於心，儒生責備乃與事實不符，是狂言而已，絲毫無損於他，反而能夠激勵他更加嚴格的審視自己、鞭策自己，所以並不計較他的無禮，反而感謝對方的直言，這便是世人所說的宰相的度量吧。

觸類旁通

身為一人之下、萬人之上的宰相，當街被一個不知名的儒生大聲斥責，不僅沒有絲毫怒色，反而感謝他的直言相激，決定回家好好反省，不但需要平日做事無愧於心的底氣，還需要有非凡的度量。

常言道：「宰相肚裡能撐船。」位極人臣，必當有超人的胸懷，能夠容人，與上下和諧相處，否則難以長久。這是一種做人的修養，也是為官處世的藝術。

呂夷簡薦賢不計前嫌

呂夷簡，今安徽壽縣人，中進士之後開始為官。宋真宗時屢次進諫奏事，要求減輕農民負擔和伐木民工的勞役。仁宗初年，劉太后臨朝十年，他任宰相，阻止浮費，為節省朝政開支做出很大貢獻。仁宗親政後，仍任用呂夷簡為相。

范仲淹對呂夷簡用人和任政有不同意見，曾經指出他的短處。范仲淹向仁宗獻「百官圖」，就圖中所列百官的調升情況進行了詳細分析，還指出：進退近臣，凡是超格的，不宜全部委於宰相一個人裁決。他又上「四論」批評時政說：「漢成帝偏信張禹，不懷疑外戚舅家，所以才有新莽之禍。臣恐怕今日也有張禹，破壞陛下的家法。」呂夷簡聽完之後大怒，反唇攻擊范仲淹說：「你這是離間陛下君臣，所用的策略都是朋黨之法。」范仲淹與夷簡激烈爭論，最後被貶到饒州。

但呂夷簡可貴的是，他不因此而否定范仲淹。他知道范仲淹是個德才兼備的賢人，所以當他復任宰相的時候，向仁宗推薦范仲淹說：「范仲淹乃是賢人，朝廷應該重用他，單單委以舊職恐怕是不行的。」於是仁宗任命范仲淹為龍圖閣學士、陝西經略安撫使。因此，仁宗稱讚夷簡有長者風度，天下士人也都敬佩呂夷簡用人不計前嫌，不念舊惡。

仁宗要范仲淹與夷簡冰釋前嫌，仲淹頓首泣謝，並對以往的冒犯表示道歉，夷簡也檢討了自己，然後說：「夷簡豈敢以舊事為怨呢？」可見兩人是因政見不同而發生矛盾的，為公而非為私。兩個人終於消除了以往的成見，盡心竭力為朝廷、為國家做事，晚年相處得非常融洽。

觸類旁通

呂夷簡能夠在國家用人之際提拔自己舊日的政敵，可見其胸懷之寬廣；而後同朝為官，能夠放棄以往的矛盾，同心協力，可見其為人之坦蕩。

其實能夠放棄舊怨，重新給異己者以機會，不但讓受恩的人終生感激，也會給領導者、給大家以豁達、寬容的印象，實在是大智慧之舉。

虞允文為劾己者求情

虞允文，南宋高宗紹興二十三年中進士，紹興三十年奉命出使金國。他看見金人運糧造船的人很多，忙忙碌碌，一幅備戰的情景。等他告辭回歸南宋的時候，金主完顏亮用馬鞭指著南方，躊躇滿志的說：「我將看花洛陽。」虞允文回到京都杭州，向高宗稟奏了所見的情況和完顏亮的話，請奏加強防禦。

次年，完顏亮果然率大軍南下入侵南宋。虞允文以中書舍人的官職參謀軍事，到採石犒賞軍隊。正好趕上主將王權罷職，三軍無主，他毅然督戰，率領眾軍士大破金軍。後來，南宋朝廷與金議和，他堅決反對。

虞允文在採石之戰中立了大功，而且他一直主張抗金。但御史蕭敏之卻彈劾允文，他也不爭辯，上章待罪。這時已經是太上皇的宋高宗到德壽宮，對虞允文被彈劾的事憤憤不平的說：「採石之功，蕭敏之何在？不要聽他瞎說。」而且他認為蕭敏之彈劾不當應該免職，宋孝宗只好照辦。但虞允文卻認為蕭敏之為人端方正直，不應該受這樣的責罰。於是虞允文上書請將他召回官復原職，以廣開言路。宋孝宗讚許虞允文所言寬厚，准奏了。

作為御史的蕭敏之，其職責在於糾察百官，有時彈劾有錯在所難免，如果因為稍微出了一兩次失誤就丟了官，將使以後的御史閉上嘴巴，再不敢監督、彈劾什麼人了，就會導致言路堵塞。而在這次衝突中，挽留蕭敏之的不是別人，恰恰是被他彈劾的虞允文，這足以顯示虞允文為公而忘私怨，不但不趁機報復，反而挺身而出，請求召蕭敏之回來復職。虞允文以國家大事為重，看到的是蕭敏之的長處和對其他御史的影響，放下了私人的恩怨，才會極力挽留，倘若他有一點私心，必將會袖手旁觀了。

觸類旁通

受冤枉、被彈劾而不予爭辯，相信世間自有公道，這是何等的坦然與大氣。在彈劾自己的人受到懲罰時，不僅不落井下石，趁機報仇，反而挺身而出，站在國家的角度說公道話，這又是何等的胸懷。

如今的大多人，恐怕能夠做到不記恨曾經給自己使絆子的人已經很難得了，更別提及時去挽救他們了。但是，倘若要做大事，必要從大處著眼，要有大胸懷，個人一時的恩怨有時候放在國家、社稷，甚至自己漫長的一生裡面都顯得微不足道，根本不值得去過多計較。

名士之量

莊子參透生死

莊子有一次到楚國去，在路上碰見一具髑髏，莊子用馬鞭敲著它問：「你是因為違背自然規律而死的嗎？是國破家亡，遭到刀斧之刑而死的嗎？是自己幹了罪惡的勾當，有愧於父母妻子而死的嗎？你是因為貧窮凍餓而死，還是壽終正寢正常死亡的呢？」晚上，莊子就枕著髑髏睡覺。

半夜，「髑髏」在夢中對莊子說：「聽起來你是個能言善辯之人，但你說的那些都是活著的人的憂患，死了之後便不存在了，你想聽聽死人的道理嗎？」莊子說：「願意。」髑髏於是說道：「死了以後，上無君、下無臣，也沒有為生活而奔忙的四時之事，輕輕鬆鬆地以天地為春秋，快樂程度即使是世上的君主也比不上的。」莊子不相信，就說：「我讓掌管生死的鬼神恢復你的形貌，歸還你的肌肉骨骼，送還你的父母妻子和朋友鄉親，你願意嗎？」髑髏一聽，立即不高興了，說：「我怎麼會放棄比南面稱王還快樂的事，去到人間受那些勞體煩心的罪呢？」從此莊子進一步悟到了死亡乃是一種至高無上的安樂之事。既然死比生還快樂，死亡還有什麼可怕的呢？莊子對待死和生採取了一種「生死齊一」的態度，即生和死是一樣的，死並不可怕。

莊子妻子死的時候，惠施前去參加弔唁，看到莊子叉腿坐在地上，正在敲著瓦盆唱歌，實在看不下去了，就說：「你的妻子跟你生活了一輩子，為你生兒育女、侍奉雙親，操持家務幾十年，現在她死了，你不哭也就罷了，怎麼還要敲著瓦盆唱歌，這也太過分了吧？」莊子見惠施這樣說，慢慢答道：「她剛死的時候，我也有些悲哀。但想了想，實際上人間本來是沒有她這個生命存在的，不僅沒有生命，而且也沒有形體；不僅沒有形體，甚至也看不到形體的物質元素『氣』。氣原來是混雜在冥冥之中的，變化後成為氣，然後才成形，然後才轉化為生命。現在，她又由生轉化到死，這不是和春夏秋冬的四季交替一樣嗎？現在，她的屍體還躺在天地之間，我卻悲傷的在她身邊痛哭流涕，這是沒有真正理解生命現象，沒有看明白生和死，所以我才停止悲傷。」

莊子自己快要死的時候，他的弟子們準備厚葬自己的老師，莊子揮了揮手，平靜的說：「我死了之後，天地就是我的棺槨，日月就是我的

連璧，星辰就是我的珠玉寶器，天地萬物都是我的陪葬品，我的葬具難道還不夠豐富嗎？」學生們聽了之後哭笑不得：「老師啊，要是那樣的話，烏鴉老鷹豈不是要把老師吃了嗎？我們怎麼能照辦呢？」莊子說：「扔在野地裡，你們怕烏鴉、老鷹吃了我；那埋在地下，就不怕螞蟻吃了我嗎？你們把我從烏鴉、老鷹嘴裡搶走送給螞蟻，為什麼要那麼偏心呢？」學生們只好沉默。

觸類旁通

人若連死都看得透，那在這人世間還有什麼看不透、想不開的呢？莊子是我國古代歷史上著名的哲學家、思想家，他對生和死的參悟和實踐，實在是一種凡夫俗子無法達到的境界。

人一旦看透生死，也就沒有什麼放不下的了。心寬意大，自然活得更加無拘無束，自由自在。

孔子不怒議己者

儒家的創始人孔丘，處於春秋亂世，想以仁義之道來改變這個互相殘殺、弱肉強食的世道，回到上古那種「大同」社會。於是他周遊列國，宣傳自己的學說和主張，可是能夠理解他的人不多，願意採納他的建議，施行仁政的君主更少，因此他到處碰壁，經常弄得狼狽不堪。人們也常在背後議論他，有同情的，有譏笑的，也有破口大罵，把他說得一文不值的。凡是說得有道理的，孔子既不惱怒也不怨恨，還稱讚有些議論還是說到點子上了。

有一天孔子到鄭國時和弟子們走散了，他一個人獨自站在城郭東門等候弟子們。弟子們也在打聽老師的下落，有一個鄭人對子貢說：「在東門有個人，額頭很像堯，頸項很像皋陶，肩膀像子產，腰以下還不到大禹的三寸，狼狽的樣子很像喪家之犬。」他形容的這些人的特徵都是當時人們認知中最醜的，子貢聽了很生氣，但也沒辦法，等找到孔子，把原話告訴了他。孔子聽了，絲毫不惱怒，笑著說：「先不說外形，那

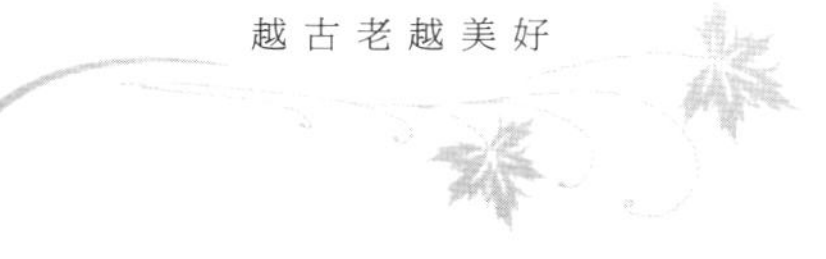

都是微不足道的細節。他說像喪家之犬，倒是很對啊！」

又有一次，子路跟孔子在路上也走散了，子路遇見一個背著農具的老人，便走上前去，恭敬地問：「您看見夫子了嗎？」老人不屑一顧地說：「四體不勤、五穀不分，誰是夫子啊？我從來不認識。」說完，就自己忙自己的了。子路找到孔子，將老人的話轉告給他，孔子感歎說：「隱者也。」便去找這個老人，卻已經不見了。

孔子對別人的譏笑醜化都不放在心上，說他到處奔波像隻垂頭喪氣的喪家之犬，他笑著說：像啊！很像，確實是。他認為外貌形狀是細節，而他當時的本質狀況就是一隻喪家之犬。當有人說他「四體不勤，五穀不分」，實質上是在譏笑他是只懂得大談空頭政治，卻不懂得勞動生產的人，怎能治理好國家？算什麼夫子？孔子知道說這話的人是個隱者，立即就去不恥下問地想去請教了，可惜沒有如願。

觸類旁通

身為學問大家，領有弟子三千，即使當時他的學說不怎麼受到重視，但終究也是有地位、講尊嚴的人，卻能夠容忍一般凡夫俗子的言語譏諷和詆毀，不但不惱怒，反而能夠即時反省自己，吸收正確的批評，也許這就是聖人吧。

聖人的學問和治國抱負，也許我們很難望其項背，但他做人的態度、處世的胸懷是值得我們品味學習的。尤其是當身處逆境之時，還能平靜地接受一般人的無情打擊，即時反省自己。如果學到了這一點，那麼我們的修行或許便也可以稱道了。

子產不計前仇迎豐卷

子產是春秋時期鄭國卓越的政治家，被推許為「春秋第一人」。複姓公孫，名僑，出生於鄭國的貴族家庭，他的父親子國是鄭穆公的兒子。西元前五五四年，子產任鄭國卿後，實行一系列政治改革，承認私田的合法性，向土地私有者徵收軍賦，鑄刑書於鼎，為我國最早的成文法律。他主張保留「鄉校」、聽取「國人」意見，善於因才任使，採用「寬孟相濟」的治國方略，將鄭國治理得秩序井然。

子產的政治生涯一直致力於外禦晉楚、內抑強宗，匡救風雨飄搖的政治危局，披斬盤根錯節的社會荊棘。他有著強烈的「人道」思想，認為人道先於天道，為人廉明奉公，豁達寬容，很得民心。

一天，從晉國來了一位說客，對子產說：「豐卷過去反對過你，並且曾率兵攻打過你的家，他那次失敗後逃到了晉國，一直過著流浪的生活。豐卷近來悔過自新，想回到自己的祖國來，卻又怕你不同意。」

子產說：「對於我這個人，豐卷是知道的呀！平時，我只嫌朋友太少，豐卷要是能成為我的好朋友，那是我求之不得的啊！」

沒多久豐卷回到了鄭國，受到子產的熱情接待，還對他委以重任。子產憑著這樣的心胸和度量，得到了幾乎所有的愛戴和合作，被評價為「德過管仲」，後世的相國、輔政大臣，很少有能夠比得上他的。

觸類旁通

如果事事斤斤計較，心胸狹小，就會使得一些小的恩怨成為仇恨。如果把一切恩恩怨怨都放置在一旁，一心擺在事業上，就很容易化敵為友。

有朋友總比沒有朋友好，多交一個朋友總比多樹一個仇敵好，這是不言而喻的，對有大理想、大抱負的人尤其如此。

梁人澆瓜

戰國時，梁國與楚國為敵對國，兩國在邊境上各設界亭，亭卒們也都在各自的地界裡種了西瓜。梁國的亭卒非常勤勞，經常鋤草、澆水，瓜秧長勢極好，而楚國的亭卒十分懶惰，很少去管這些瓜苗，瓜秧又小又弱，與對面瓜田的長勢簡直不能相比。

楚亭的人覺得失了面子，有一天趁夜無月色，伸手不見五指，偷偷跑過去把梁亭的瓜秧全給扯斷了。梁亭的人第二天發現後，氣憤難平，報告給邊縣的縣令宋就，說：「他們也太欺負人了，明明是向我們挑釁，我們也過去把他們的瓜秧扯斷好了！」

宋就說：「我們不願意他們扯斷我們的瓜秧，那麼為什麼我們還要去扯斷別人的呢？別人不對，我們再跟著學，那就太狹隘了。你們聽我的話，從今天起，每天晚上去給他們的瓜秧澆水，讓他們的瓜秧長得更好。而且你們這麼做，千萬不可以讓他們知道。」

梁亭的人聽了宋就的話，覺得有些道理，於是就照辦了。楚亭的人本來料想梁人會來報復，但一直沒見他們行動，但自己的瓜秧長勢卻一天好似一天，仔細觀察，才發現每天早上瓜地都被人澆過水了，而且是梁亭的人在黑夜裡偷偷澆的。

楚國邊縣的縣令聽到亭卒們的報告後，感到十分慚愧又十分敬佩，於是把這件事報告給了楚王。

楚王聽說後，也感受到了梁國人修睦邊鄰的誠心，於是備了重禮，派使節送到梁國，既以示自責，亦以示酬謝。結果，這一敵對國成了友好的鄰邦。

觸類旁通

從這個故事可以看出，「恕」的基礎是用己度人、推己及人，這樣可以營造出一種重大局、尚信義、不計前嫌、不計私仇的氛圍，以及雙方寬廣而又仁愛的胸懷。

降至日常生活的處理，又何嘗不是這樣？尤其是對涉世未深的青年來說，總是時時處處小心翼翼，總想找出人事上的參照物來規範自己，但殊不知世事萬變，並沒有統一的標準供人參考。所以不妨就按照「己所不欲，勿施於人」的原則，推己及人，往往會有皆大歡喜的結果。

爰盎賜侍得報

爰盎原是西漢景帝時楚地的一個遊俠，父親曾經為盜賊，他生來好俠義、重結交，能夠寬恕人。

後來爰盎經人推薦做了吳國的相國，不久又調入中央朝廷為官。當時吳楚等七個劉姓分封國以誅晁錯為名發動叛亂，整個西漢王朝處於風雨飄搖之中。爰盎向漢景帝獻策，建議殺了晁錯，然後七國之亂可以平息。漢景帝無奈，採納了他的策略，忍痛殺掉了自己的老師，也是當時提出削弱諸侯國勢力的謀臣。然後任命爰盎為太常，出使吳國勸降。

吳王想籠絡爰盎，打算任他為將，爰盎不肯。吳王大怒，打算殺掉他，先派了一個都尉率領五百兵把他圍了起來，情況甚是危急，但爰盎自己並不知道。等到晚上，突然有個人到他的帳篷裡說明情況，要救他逃命。

原來這個人曾經受過爰盎的大恩。爰盎在任吳國相國的時候，有一個從官與他的侍兒私通，有人把這件事告訴了他，他什麼也沒說，裝作不知道，還罵了那個搬弄是非的人，為這個從官掩蓋了醜行，待他就像以前一樣。後來這個從官聽說爰盎已經知道了這件事，嚇得趕緊逃走。爰盎聽到報告後立即策馬前往追他回來，還把那個侍兒賜給了他，並讓他擔任舊職。

這次爰盎出使吳國被圍困，有生命危險，這個人當時正在軍中任司馬，便買了兩石醇酒，剛好天氣十分寒冷，他就請圍困爰盎的士兵們喝了個夠，都喝醉睡熟了。他就喚醒爰盎說：「先生趕快走吧，吳王等明天就要把你斬首了。」爰盎不相信，問：「為什麼？」司馬說：「我也無法解釋，你相信我便是。我以前是你的從吏，受你賞賜侍兒的那個人。」爰盎明白了，連忙致謝，但是面有難色，說：「你還有家人，我不能連累你呀。」司馬說：「你儘管去吧，我也馬上就走，把我的親人都轉移藏匿起來，你不用擔心。」說完便打開帳子，帶領著爰盎從睡著的士兵當中出來，才和他分道逃往。爰盎終於得脫，回朝報告。

觸類旁通

一個侍兒對家眷無數的相國來說並不重要，但爰盎的可貴之處在於知道了從官在他眼皮底下無禮，還能裝糊塗，睜一隻眼閉一隻眼，絲毫不冷淡此人。在他知罪逃脫之際，還能親自追回，加以安撫。做這件事的時候，他一定不會想到將來有一天這個人會救他性命，應該是出自他的豁達、不拘小節。

身為領導者，如果屬下的一點小小的過失都不能容忍，睚眥必報，就很難讓人產生感激之情，更不用說在關鍵時刻助你一臂之力了。

朱沖放牛

晉代有一位朱沖，他在朝廷裡的官職很高，可是從小到大他待人都很寬厚，從不對人發怒，更不會無端挑人的不是。

朱沖是南安人，小時候家裡很窮，沒有錢上學讀書，只好在家裡幫忙放牛、種地。有一次，他正在野外放牛，忽然看見他家鄰居急匆匆地跑過來，不由分說，牽起朱沖家的牛犢就走。朱沖看見了也不著急，倒是周圍一起放牛的小夥伴們看不下去了，朝他大聲喊：「朱沖，朱沖，快去啊！你家的牛犢讓人給牽走了，快去追呀！」朱沖憨憨一笑，說：「他這樣急急忙忙把牛牽走，一定是有什麼原因，等回家去問一下就清楚了，著什麼急呢？」

原來鄰居家丟了一隻小牛犢，看到朱沖家的小牛犢就以為是自家的，不分青紅皂白就牽走。當他牽著朱家的牛犢往回走時，卻發現自家的牛好好地拴在那兒正在吃草呢！他這才想起來，早上出來時，他就是把牛拴在這裡讓牠吃草的。他看著自己手裡牽著的朱沖家的小牛犢，心裡十分懊悔。自己的記性怎麼這麼不好呢？怎麼能連問都不問就牽牛呢？這下可把鄰居給得罪了，以後可怎麼相處呢？他慚愧而忐忑不安地把牛犢還給朱家，一邊走，一邊盤算著該怎麼跟人家解釋，可能會遇到什麼樣的難堪。見了朱沖，他連連說：「真對不起，真對不起，現在我把你家的牛犢牽回來了。」朱沖神態自若地聽他講明了事情的經過，仍然還是憨憨地笑笑，說：「沒什麼，你也是著急嘛，誰家丟了牛能不著急呢。」鄰居聽了，心裡的石頭終於落下來了，也很感謝朱沖。

村裡還有一家，愛占鄰居的便宜。他家平時總是把牛故意趕到別人家的田裡去吃莊稼。朱沖家的地與他家的地離得最近，所以地裡的莊稼被吃的最多，啃得亂七八糟。朱沖看到以後不僅不生氣，還在收工回家時順便割些野草，連同那頭愛吃莊稼的牛一起，去給那家人送去，並且說：「你家人多地少，牲口沒有草吃，我給你家送來些草，快餵吧！這點草要是不夠用，我再去割些來。」那家人一聽，真是無地自容，又是慚愧，又是感激，他們對朱沖說：「你待人太寬厚了！你放心，以後我們再也不讓牛到別人家的地裡吃莊稼了。」

朱沖一直以他這種厚道、寬容之心度過了一生，包括他的為官生涯。

觸類旁通

朱沖見到自家的牛被無故牽走，並不著急上去拚命，而是為別人考慮，等到誤會解除，還能讓別人坦然地接受他的寬容；看到別人家的牛吃自家的莊稼，他沒有立即上去攔住給予懲罰，反而給牠割草，送給主人家，表示願意幫助主人家用草養活牛，終於感動了自私霸道的村鄰。

為人厚道如此，還有什麼忍不了，還有什麼小事能夠煩擾他呢？一身輕鬆，做事做人都坦然，為官也有好人緣。

郗超不因怨貶賢

郗超年少時狂放不羈，史載「有曠世之度」，喜好交遊，本性樂善好施，其家積財數千萬，被他一夜之間散於鄉鄰故友，幾乎殆盡。桓溫專權東晉軍政的時候，郗超任中書侍郎。桓溫那時已懷不軌之心，打算建立霸王之基，郗超替他謀劃。當時任丞相的謝安等人與桓溫談論國事，桓溫令郗超在帳中傾聽，風稍微一動，郗超就會出來查看，謝安笑著說：「郗生可以說是入幕之賓啊！」因為他深得桓溫的信任，謝安等大臣也多少有些畏懼他。謝玄是謝安的侄子，也曾經在桓溫的麾下與郗超共事，兩人因有矛盾而結下怨恨。

前秦苻堅統一了北方之後，準備南下討伐東晉。朝廷想派一個文武良將率軍抗擊北方的侵略。當時謝玄正任南郡相，謝安推薦了他，但是在朝議中頗有不同意見，認為他年齡尚輕，資歷不夠，作戰經驗不足，不能擔當大任。

這時只有過去與謝玄有積怨的郗超出面誇讚謝玄的才能可以勝任，他說：「謝安違背眾人舉薦自己的親人，這是高明而坦蕩的，謝玄也必然不會辜負他的舉薦，他是有足夠的才能的。」時論不以為然，郗超再次為之爭辯說：「我曾經與謝玄一起在桓公府中學習、共事，見識過他的才幹。即使在極小的事情上，他也能顯示自己非凡的能力，所以我知道他是能勝任的。」於是，朝廷便任謝玄為建武將軍、兗州刺史，領廣陵相，監江北諸軍事。

後來在抗擊前秦軍隊入侵的過程中，謝玄立了大功，人們都讚歎郗超有先見之明，更敬佩他不因個人私怨而埋沒別人的長處。

觸類旁通

性格豪爽、嫉惡如仇的人能夠放棄積怨，為仇人說話，是很不簡單的。因為他必須首先有智慧分清公事與私仇，還必須有不因私仇而埋沒，甚至詆毀別人的修養。大敵當前，如果眾人都能胸懷大度，放下私怨，舉薦賢才，不辱沒人的長處，就必然會同仇敵愾，堅如磐石。

劉懷珍受馬

劉懷珍，字道玉，是山東淄博人。南朝劉宋時，同蕭道成一起在朝廷中擔任職務。在宋孝武帝劉駿時，蕭道成任舍人，劉懷珍任直閣。

有一次劉懷珍回到家鄉休假，蕭道成為他送行，並且送給他一匹白馬。這匹馬高大雄健，非常漂亮，可惜尚未馴服，對人又是踢又是咬，根本無法騎乘。劉懷珍收下這匹沒有馴服的馬之後，臉上絲毫沒有不高興的意思，反而拿出上百匹絹，讓人送給蕭道成作為回報。

有人對劉懷珍說：「蕭道成一定是因為那匹馬沒有辦法騎了才送給您的，您卻作為貴重的禮物來接受，還回贈給他那麼重的禮，是不是太多了？」劉懷珍笑著搖了搖頭，沒說什麼。

蕭道成見劉懷珍胸懷如此大度，暗暗佩服，對他產生了許多好感。後來蕭道成做了劉宋皇朝的輔政大臣，成為實際上的掌管權勢的人。劉

懷珍也官至豫州刺史。蕭道成因為劉懷珍在朝廷做官的資歷不深，便徵其為都官尚書，領前軍將軍，派自己的四兒子蕭晃代替劉懷珍做豫州刺史。

有人懷疑劉懷珍可能不接受，蕭道成卻說：「我當初還沒有顯親揚名時，懷珍便對我至誠相交，何況是今日呢？」蕭晃離開都城，前去就任之後，底下人仍然對劉懷珍能不能接受這樣的安排懷疑不已，議論紛紛。蕭道成便派軍主房靈民帶領百騎追送蕭晃，並且對房靈民說：「人們都懷疑懷珍必然不會接受，按我與他平素的交情，他一定不會這樣的。因為你與懷珍是同鄉，所以我派你前往，不僅是讓你護送新官，也為了讓你迎回故人。」果然，很快地，劉懷珍便與房靈民一同還都。

蕭道成更加信任、欣賞劉懷珍了，有什麼重要的任務都會派給他。劉懷珍用自己的大度換來了終生的功名利祿，可謂明智。

觸類旁通

劉懷珍看到別人送來的烈馬，不僅沒有像旁人那樣生氣，以為是別人欺辱他，反而對禮物贈送者表達了非常誠摯的感謝。如此豁達大度，得到了蕭道成的信任，也為自己以後的發展建立了政治資本。

有人或許會說劉懷珍此舉是典型的韜光養晦，是首先看重了送禮人的實力和前程，是放長線釣大魚。在此尚且問一句：大魚，難道是每個人都能釣到的嗎？

崔暹不計嫌為國薦才

東魏權臣高歡之弟高琛鎮定州時，任崔暹為開府諮議，得到高琛的信任。後來隨著高琛前往晉陽，高歡跟他交談，非常賞識，任他為丞相長史。

後來高歡舉兵要到洛陽去，命崔暹輔佐高琛留守晉陽，對他說：「大丈夫相交相知，豈在新舊。行軍無小事，你留守的擔子非常重啊！家弟年少，涉世未深，處事能力稍嫌不足，我離開之後的事情都拜託先生您了。」一握手囑託，十分懇切。後來高歡長子高澄掌權，崔暹更加被信任和重用。他能言直諫，憂國如家，以天下為己任，還喜歡給國家推薦人才，所薦之人大都非常稱職，世人都稱讚他能知人。

崔暹舉薦人才不是為培養黨羽，而是為國分憂。邢邵精於詩賦，兼通經史，文章華麗，詞致宏遠，是當時文士之冠，為人率直真情，修行十分謹慎。崔暹瞭解了他的才能和為人，於是向高澄推薦，認為邢邵可任府僚，兼任機要。高澄便徵召邢卲，談論之際，邢卲提及崔暹的短處和過失，高澄聽了有些不高興，便對崔暹說：「你向我論說邢卲的長處和優點，他卻專門說你的短處和缺點，這人真是傻子。」崔暹笑了笑說：「子言暹之短，暹言子之長，都是事實，沒什麼大不了的，不應該因此而嫌棄他。」

觸類旁通

如果是一般人，聽說自己推薦的人反倒誹謗自己，一定恨其忘恩負義，必欲除之而後快，而崔暹反為謗己者辯護，說邢卲所言的自己的短處都是事實，不應該因此而放棄對他的舉薦。

可見他聞過則喜，也說明他大度能容凡人難容之事，能夠實事求是，不因為個人恩怨而公報私仇。這種品德越是居高位者越應該具備，只有這樣才能使真正有才能的耿直之人才有所用。

嚴震慷慨解囊救國救民

「人為財死，鳥為食亡。」把錢財看得比任何東西都要重要的人，往往為錢財所害；而視錢財如糞土的人，能夠救人於危難之中，大多都能因此得福。但人生在滾滾紅塵之中，能無視錢財，非有大度量不能為。

唐朝時的嚴震就是個屢次慷慨解囊，以捐財助國，助人為樂的人。他家資財雄厚，富甲鄉里，在代宗時曾多次出資助邊。他在任鳳州刺史時，為嚴武所賞識，升為山南西道節度使。後來嚴震又派人誘斬了叛賊，還在戰亂之中救駕，諸功並賞，任戶部尚書，封馮翊郡王，進同中書門下平章事。他不僅捐資助國，對人有所求的也無不回應。

據記載，嚴震鎮守山南道時，有人向他乞錢三百錢以維持生活，嚴震叫兒子公弼等人詳細問問是怎麼回事，公弼說：「這是跟風的，父親大人不必搭理他。」嚴震立即大怒，手指著公弼說：「你一定會敗壞我家的門風的！你只能勸我力行善事，怎麼能勸我吝惜金帛財物呢？況且，此人錢財不湊手，向我借三百錢，有什麼不可。」遂命左右如數給了這個人所要的錢財。

因為嚴震心甘情願借錢救濟素不相識的人，三川之士都很敬重他的為人，爭先恐後歸附於他。馮夢龍就此事評說道：「天下無窮不肖事，皆從捨不得錢而起。天下無窮好事，皆從捨得錢而做。自古無捨不得錢之好人也。」

觸類旁通

錢財乃身外之物，生不帶來，死不帶去，但偏偏有許多人看不透這個道理，或者看透了卻無法踐行，因為錢財的能量太大，幾乎迷惑了凡人的大腦。

「達則兼濟天下，窮則獨善其身」，這是自古明智之人的上善之舉。只有生性豁達，具有俠肝義膽，眼光長遠，才能做到慷慨解囊，救國助人，這樣的人往往能得人心、得好報。

唐臨為人掩過

唐臨，京兆長安人，做官時間很長，為人仁慈大度，不論公事私事，都能為人著想，經常寬恕人。

他出任萬泉縣丞的時候，縣裡有輕囚犯十數人，趕上春暮下時雨，是耕種的好時節。他請示縣令讓這些人回家耕作，以不失農時，耕作完畢再回來服刑。縣令不同意，唐臨擔保說：「如果有什麼差錯，我自己承擔罪責。」縣令才勉強批准。唐臨與囚犯約定回來的日期。後來這些人回去耕種之後都能按期回獄，無一人逃竄。唐臨因此而天下知名。

後來唐臨任黃門侍郎，加銀青光祿大夫。雖然他的官做大了，卻依然儉薄寡欲，不建新屋，服用簡素，待人非常寬厚。有一天他要去弔喪，讓家童回來取白衫，家童拿錯了衣服，害怕得不敢進去見他。唐臨知道了，叫他進來，溫和的對他說：「今日氣逆，不適合哀泣，本來讓你去取白衫的，後來打算不去了，也沒有來得及攔住你。」家童方且不再憂慮。像這樣，對自己的下人，做錯了事，不僅不叱責，反而找理由為其開脫，安撫他們的不安，此類的事情在唐臨身上簡直數不勝數。又比如，唐臨曾經讓人煮藥，那人卻不小心煮壞了，唐臨明明知道，卻說：「陰暗不宜服藥，應該立即丟掉不服。」自始至終不開口說這個人的過錯，對人寬恕至此。

唐高宗即位，他任大理卿，對囚犯審查非常認真，當時的冤獄很多，經過他的覆審，都得到平反而被釋放。等到高宗親審死囚，卻沒有一人喊冤，問他們原因，死囚們說：「我們確實自己犯了罪，經過唐大人審訊，現在沒有冤獄了，我們也絕了再喊冤的念頭了。」高宗讚歎說：「做官、治理牢獄之事的人難道不應該都像這樣嗎？」

觸類旁通

唐臨對人有小過，為之掩蓋而寬恕他們，尤其是對僕人總能如此；而對囚犯，則不讓有冤獄存在，其為人仁慈寬厚至此。

以心換心，善於為他人著想，別人也不會陷你於不義。在日常生活中倘能原諒別人的無心之失，還能有意無意間為其開脫，則會讓周圍的人更加願意親近，身邊將會是一團和氣。

德量弘宏的王旦

王旦是宋朝人，字子明，自幼沉靜好學，其父曾說：「此子將來必定官至三公宰相。」宋太宗時中舉進士，起初任平江知縣，廉潔奉公，政績顯赫。

真宗時王旦累升知樞密院，又任宰相，進封太保。受朝廷重用，居相位最久，凡事不固執己見，受人毀謗不與計較，軍國大事都參與決策，常為國家薦引賢才，卻不讓其人知道。

當王旦任宰相時，寇準屢次在皇上面前說王旦的短處，然而王旦卻極力稱讚寇準的長處。有一天，真宗笑著對王旦說：「卿雖然常稱讚寇準的長處，但是準卻專說卿的短處呢！」王旦回答說：「臣居相位參與國政年久，必然難免有許多缺失。寇準事奉陛下無所隱瞞，由此更見他的忠直，臣所以一再保薦……。」真宗由此更賞識王旦。當寇準任樞密院直學士時，王旦在中書有事送樞密院，偶爾不合詔令格式，寇準便上奏皇帝，王旦因而受到責問，但是王旦並不介意，只是再三拜謝而已。不到一個月，樞密院有事送中書，也不合詔令格式，堂吏發現，很高興地呈給王旦，認為這下逮到機會了！可是王旦卻命送回樞密院更正，並不上奏。寇準大為慚愧，見王旦說：「同年怎麼有這樣大度量呢？」王旦不答。

當寇準被免去樞密職位後，曾私下求王旦提拔他為相，王旦驚異地回答說：「國家將相重任，怎可用求來的呢？」寇準心中很不愉快。其後皇上授予寇準節度使同平章事。寇準入朝拜謝說：「臣若不是承蒙陛下知遇提拔，哪有今日？」皇上便將王旦一再推薦之事告知。寇準非常慚愧感歎，自覺德量遠不及王旦。後來寇準終於不負王旦，成為宋朝賢相。

王旦居家，也未曾發過脾氣，家人要試驗他，在他食用的肉羹內，投入塵灰，王旦只吃飯而已。家人問他何以不吃肉羹，旦說：「偶爾不想吃肉。」其後連飯也將它弄髒，王旦也不責問，只說：「今天不想吃飯，可以另外弄些稀飯來。」家中不購置田宅，說：「子孫應當自立，何必田宅。田宅會讓子孫因爭財而做出不義之事呢！」臨終時，召集子

弟到跟前吋囑說：「我們家世清白，不要遺忘往日槐庭陰德，今後大家應當守持勤儉樸素的美德，共同保持我王家的門楣。我死後，可為我削髮，披穿緇衣，依照僧道例殮葬即可。」說完便瞑目而逝。真宗臨喪哀慟，追贈為尚書令魏國公，賜謚號文正。

觸類旁通

掌管朝政，公忠體國，正直無私，舉薦賢能，而不使其人自知，容人所不能容之度，行人所不能行之事。至於居家，塵灰汙其羹飯，也不動惱怒之心，臨終猶不忘教誨子弟儉素持家，勤修陰德。

觀此數事，非聖賢胸懷，何能如此？所以他一生恩寵無比，人民欽敬，鬼神護持，生榮死哀。所謂世間大福德之人，必有過人之德量，由此可以證實。

于謙笑勸謗己者

于謙，明代政治家、詩文家，浙江杭州人。為官公正，敢言敢諫，對當時的朝政起了很大作用。他還經常向朝廷舉薦人才。

他推薦王偉，使他從戶部主事提升到兵部右侍郎。王偉這人雖然很有才幹，但是私心雜念非常多，還喜歡自作聰明。他害怕嫉妒于謙的人把他看作同黨，就向明代宗密奏了于謙的失誤，以向皇帝表明自己的立場，標榜自己的「清白」。

代宗後來把王偉的奏書拿給于謙，于謙認真的看完，向代宗叩頭道謝，並進行了自我檢討。代宗笑笑說：「你這個人我是知道的，你不必驚慌，也不用謝我，我從來沒有動搖過對你的信心。」于謙再拜，便退下了。

于謙剛出來就一頭撞見了在殿外等候的王偉，王偉看見皇帝召見了

于謙，立即上前問：「皇上跟您說了些什麼啊？」于謙臉色溫和，笑著說：「也沒什麼。以後呢，如果我有什麼過失，還希望先生能夠給我當面指出來，我一定好好反省。」王偉看到了自己上給皇上的密奏，感到十分慚愧。

于謙能寬容王偉，而權奸卻誣陷于謙。儘管他忠心耿耿為明王朝立下了不朽的功勳，還是以令人寒心的方式收場。明英宗在土木堡被瓦剌軍俘虜，于謙與難逃派堅決鬥爭，勇敢的擔負起兵部尚書的重任，擁立明景帝，調集重兵擊退瓦剌軍，迫使瓦剌貴族釋放了明英宗，對保衛搖搖欲墜的明政權立下了無與倫比的大功。但由於于謙憂國如家，為人剛直，不善巴結權貴，看不起一些佞臣和難逃派，引起了他們的仇恨。這些小人便支持被釋放回來的英宗發動政變，廢除景帝，按照「謀逆罪」把于謙殺了。當時，不少尚有良知的人留下了熱淚。明憲宗時為于謙平反，萬曆年間追諡忠肅。

于謙曾經作了一首詩〈石灰吟〉表明自己甘願為國家鞠躬盡瘁、死而後已的決心。詩云：「千錘萬煉出深山，烈火焚燒若等閒。粉身碎骨渾不怕，只留清白在人間。」他用一生實踐了他對天地許下的諾言，歷史也終於還他清白。

觸類旁通

王偉被怨和于謙受誣害說明，凡有公心之人，一切以大局為重而不計私怨，于謙對於誹謗自己的人笑而勸之，希望其改過，更好的發揮作用；凡私心重的人，必不顧大局，挾著私怨以誣害人，于謙受佞臣、權奸陷害便是典型的例子。

歷史是公正的，雖然有時沉默，但最終都會以超強的聲音宣告一個人的忠奸、大小；那些一心為公、胸懷寬廣、不計私人恩怨的人，終會被歷史、被人民授予勳章。

讓他一牆又何妨？

鄭板橋，名燮，康熙秀才、雍正舉人、乾隆進士，曾做過七品縣官，列為「揚州八怪」之一。「難得糊塗」是他的傳世名言，也是他為人處世的原則，「聰明難，糊塗難，由聰明而轉入糊塗更難。放一著，退一步，當下心安，非圖後來福報也。」他的糊塗觀對後世影響甚廣，他的「糊塗事」也為人津津樂道。

清乾隆年間，鄭板橋正在外地做官。忽然有一天，收到在家務農的弟弟鄭墨的一封來信，兄弟倆經常通信，互報相安，然而這一次卻與以往互通不同。

原來鄭墨想讓哥哥出面到當地縣令那裡說情，這下子倒弄得鄭板橋不自在了。弟弟鄭墨粗通文墨，不是個好惹是生非的人，只是這次明顯是受人欺負，心裡實在嚥不下這口氣。原來，鄭家與鄰居的房屋共用一牆。鄭家想翻修舊屋，鄰居卻跳出來干預，說那堵牆是他們祖上傳下來的，鄭家無權拆掉。其實房契上寫得明明白白，那牆是鄭家的，鄰居借光蓋了房子。這官司打到縣裡，還沒有結果，雙方都難免想找人說情。鄭墨自然想到了做官的哥哥，這下子不但有契約在，再加上哥哥出面說情，官官相護嘛，這官司就必贏無疑了。

鄭板橋考慮再三，給弟弟回了封信，勸他息事寧人，同時寄去一個條幅，上寫「吃虧是福」四個大字。同時另附上一首打油詩：

千里告狀為一牆，讓他一牆又何妨。
萬里長城今猶在，何處去找秦始皇。

鄭墨接到信，羞愧不已，當即撤回了上訴，向鄰居表示不再相爭。那鄰居也被鄭氏兄弟的一片至誠和大度為人所感動，表示也不願再鬧下去，於是兩家重歸於好，仍然共用一牆。這在當地一直傳為佳話。

大凡平民百姓，最難得吃虧的是財，最難得忍受的是氣，很多人往往被財所迷、被氣所激，做出傻事，製造出不可收拾的局面來。鬧到必須打官司，兩方相爭必相傷。鄭板橋作這首詩的意思，無非是告誡胞弟

錢財乃身外之物，根本不值得爭。像長城那樣雄偉的工程，秦始皇死後尚不能擁有，將國比家，道理不是一樣嗎？人赤條條來到世上，又赤條條復歸黃土，爭來爭去其實沒什麼意思，更何況還要驚動官府、傷害鄰居呢？

觸類旁通

「讓他一牆又何妨！」表現了鄭板橋的寬容大度，認定了吃虧是福，讓了一牆，免去了訴訟之累，使得自己的心安，也保持了鄰里之間的融洽關係，實在是有好處的。

「滿者損之機，虧者盈之漸，損於己則盈於彼，各得心情之半，而得心安既平，且安福即在是矣。」此為同時期的大學士張英所作，是吃虧是福的最佳注解，也可以在一定程度上解釋鄭板橋的糊塗了。

曾國藩作「不求詩」

曾國藩在我國近代歷史上是個舉足輕重的人物，我們暫且拋開他的功過得失不談，說說他的為人處世、家教家訓。

曾國藩身居要職而能保持心靜，深諳人情世故，而且善於教子，家教甚嚴。他曾寫過一首〈不求詩〉，是於同治九年六月赴天津之前寫給兩個兒子的，帶有「以備不虞」的遺囑性質，反映了作者知足勿貪、於世少求、豁達寬容的人生觀。在他的教育下，這兩個孩子都各有所成。長子曾紀澤後來成為一名學貫中西的外交官，為了國家的利益與俄國人力爭，對保持新疆的領土完整做出了很大貢獻。次子紀鴻精通數學，為同輩人所折服。我們讀這首〈不求詩〉，也可以從中汲取有益的成分。

「知足天地寬，貪得宇宙隘。豈無過人質，多欲為患害。在約每思豐，居困常求泰。富求千乘車，貴求萬釘帶。未得求速償，既得求勿壞。芬馨比椒蘭，磐固方泰岱。求榮不知厭，志亢神愈䘪。歲懊有時

寒，日明有時晦。時來多善緣，運去生災怪。諸福不可期，百殃紛來會。片言慎招尤，舉足便有礙。戚戚抱殷憂，精爽日凋瘵。翹首望八荒，乾坤一何大。安榮無遽欣，患難無遽憝。君看十人中，八九無倚賴。人窮多過我，我窮猶可耐。而況處夷途，奚事生嗟慨。於世少所求，俯仰有餘快。俟命堪終古，曾不願乎外。」

前四句總括個人應該持有的人生態度：人要知足，這樣就會覺得周圍的空間十分廣闊；如果對周圍一切都很貪婪，那麼你就會感到世間是多麼的狹小。每個人當然都有各自的長處，但欲望太多對個人來說實在是個禍害。接下來作者闡述了貪婪的各種表現：一個人在生活簡單的時候總想著日子要過得豐盛些，家庭在拮据的時候總是希求寬裕一些；當然這些想法倒還情有可原，但人的欲求並非到此為止，因為富裕了就進一步企望更多的榮華富貴，在沒有滿足要求之前只想快快得到，在滿足了欲望之後又想長久保持。如此這般，一個人的欲望永遠都是無法完全滿足的，好了還想更好，芬芳香馨要用椒蘭來比，牢固堅實就與泰山相比，追求榮華富貴從不知道滿足，貪婪日益增多，越來越追求奢侈。所有這些都滿足了之後，人生就能一帆風順、風平浪靜了？實際上並非如此。作者筆鋒一轉，著力描寫人生道路之坎坷不平、艱險莫測：季節溫暖的時候也會出現寒冷，太陽明媚的時候也會產生黃昏。大自然的規律與人生道路也差不多，時運降臨到你頭上時就會有很多好事，而不走運的時候到處都是災難。倒楣之時，一句話、一個舉動都可能招致災禍，這樣一來，就會整天滿懷憂慮，無比痛苦，精神若失，變得凋敝不堪、日久生病了。

由此可見，欲望過多不僅不可能完全實現，而且危害不淺，很有可能招來災禍，實在是很不值得。然而，人世遭際紛繁複雜，用什麼樣的態度來看待其中的得失呢？

曾國藩告誡兩個兒子：一個人的心胸一定要寬大，抬頭看看世界，多麼廣闊，何必把自己的眼光停留、局限在狹小的細枝末節上呢？有了榮華富貴不要高興得不得了，艱難困苦也不必怨恨得受不住，因為我看十個人有八九個比我還窮。最後，作者用幾句話表達自己的人生態度，同時也是對上面的觀點進行總結：「於世少所求，俯仰有餘快。俟命堪終古，曾不願乎外。」對世上的東西不是要求太多，一舉一動都會感覺到活得很愉快，隨遇而安，就能永保安樂。我也不希望你們列外。

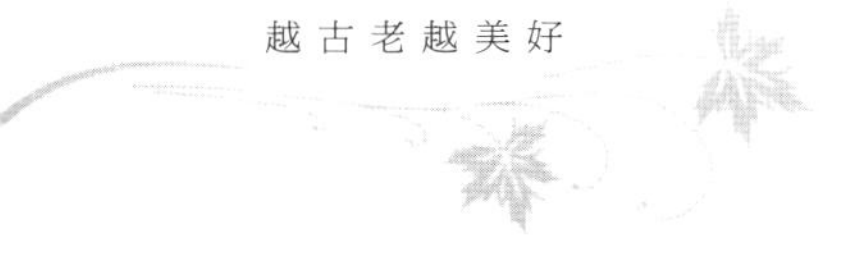

曾國藩不僅自己善於做人，人生態度非常明確，而且能夠精當地表達出來，教導家人，他留下的大量家書已經成為後人學習的範本。這首〈不求詩〉表現了他善於克制自己的欲望，心胸寬廣、豁達從事的風格，值得我們學習。

觸類旁通

曾國藩是中國近代史上的一個異類。一個普通的農家子弟，以並不超絕的資質，竟能力挽狂瀾，扶大廈於將傾，平定大亂，再造「中興」的不世偉業，即使一百多年過去，仍令人回想無窮。是什麼使他取得如此輝煌的成就？是天資？是努力？還是機運？

很多人都想從他身上學到成功的黃金定律，修身處世，立於不敗。因此，曾國藩的文集一出版，就成了當時人的必讀書。他的家書、日記、書信、文章，影響了一代又一代人，這首〈不求詩〉或許也能給人一些啟發。

原來，

節儉的目的

是爲了過得更好

帝王之儉

趙匡胤戒奢興邦

趙匡胤，涿州人，西元九二七年出生在一個官僚家庭。青年時期他愛好騎馬、射箭，練得一身好武藝。後來，他做了後周的將領，立下了不少戰功，被提拔為殿前都點檢，掌握了後周的軍事大權。

「陳橋兵變」後，趙匡胤當上了宋朝開國皇帝。他吸取了梁、唐、晉、漢、周五個王朝亡國的教訓，革新吏治。用嚴刑峻法懲辦了那些欺行霸市、壟斷貿易、與民爭利經商的官吏，以爭取民心和社會秩序的穩定。為此，他特詔令各地官吏，不許經商貿易，「違者論如律」。他對那些我行我素者，一旦發現就以「經商罪」論處，嚴懲不貸。澧州刺史白全紹因與人合資在當地經商，被削職為民；兵部郎中曹匪躬遣人自秦州往江浙一帶販運緊俏貨物，被處以死刑，「棄市曝屍街頭」；就連曾為趙匡胤奪取天下，立了汗馬功勞的宰相趙普，也因「營邸店」牟利和有庇護賄官行為被罷了相位。

在節儉方面，趙匡胤能保持躬身節儉、質任自然的品格。他深知：打天下不易，守天下更難。尤其是皇族貴戚奢侈、虛榮，會喪失民心、傾覆軍旅，失掉江山。所以，他從自身做起，力戒奢侈。每頓飯的菜肴十分簡單，並且每次都顆粒不剩。當時皇宮中所用的簾子全都是用青色粗布做成的，他經常穿的衣服都是洗過多遍的，一穿就是幾年，很破舊了也捨不得扔掉；甚至坐的轎子也非常簡單、樸素。

趙匡胤不僅自己如此，對自己的親屬也是這樣的嚴格要求。有一次，他最寵愛的照慶公主，在宮中觀看行宮儀仗時，發現用翠鳥羽毛作裝飾的旗子非常好看，回宮後就別出心裁地命人用翠羽裝飾做了件外衣。穿上後對著鏡子左照右照，心中尤為得意，在宮內走來走去。不料，被趙匡胤和一群大臣們撞上，公主想躲開，卻被趙匡胤喝住，說：「你把這件衣服脫下來，以後不准再穿。」公主不以為然地說：「這件外衣只是用翠羽稍微裝飾了一下，沒什麼大不了的！」趙匡胤對公主的狡辯十分生氣，厲聲指責道：「你怎麼能這樣說？你身為公主，穿這樣的服裝，翠羽價格高，要浪費多少錢財呀！你的生活已經非常優越了，要知道這一切是多麼的來之不易，一定要節儉啊！」然後還撩起龍袍

說：「你看看，這袍子我都已經穿了三年了，到現在不還是穿得好好的嗎？」說得公主無言以對，只得勉強將翠羽外衣脫掉。

事後，有一天，趙匡胤與寵愛的孝章皇后和照慶公主在一起談天說地。公主又乘機對趙匡胤說：「父皇，你身為大宋聖明，可惜坐的轎子太不得體了，應該好好裝飾一下，以顯我大宋國富民強啊！」孝章皇后也在一旁幫著勸說。趙匡胤深有感觸地說：「我擁有四海之富，整個宮殿想用金銀裝飾也能辦得到。但我身為天子，理當為天下管好財富，豈可濫用！如果我只想一人榮華富貴，百姓還對我抱什麼希望呢？」

趙匡胤一番慷慨陳詞，說得孝章皇后和照慶公主啞口無言，自覺慚愧。從此之後，孝章皇后和照慶公主也都帶頭收斂起來。

有一天，他發現投降的後蜀國主孟昶所用的洗澡盆都是用珍寶妝點的，便命令侍從把它搗毀，並對孟昶說：「你用這麼多的寶石翠玉來裝飾洗澡盆器，那麼你用什麼器物來貯藏糧食呢？你奢侈浪費到這樣的地步，一點也不知道勤儉持國，怎麼能不亡國呢？」

在他的影響之下，宮裡宮外、朝廷上下，都以穿戴質樸為榮。他還經常提醒子女們要清心寡欲、愛護百姓，穿衣先要懂得養蠶人的可憐，吃飯先應想到耕田人的辛苦。趙匡胤為政勤奮、愛護百姓、勤儉克己，不失為封建時代的開明皇帝。

觸類旁通

金玉非寶，節儉乃金。趙匡胤把節儉作為修身立業的根基，追求高尚的精神生活和樸素的物質生活，這是他事業成功、做人成功的關鍵。

人在艱難困苦之中，能夠節儉養志固然可貴，而更為貴的是，在他處於富貴發達之時，仍能有一種清新的信仰，持有一種操守。而用這種信仰和操守充實自己的心靈而塑造出來的人，必將是一個不為名利所纏繞、超凡脫俗的人。

【原來如此講典故】

將心比心

【解釋】以自己的立場去衡量別人的立場，體會他人的心意，多方為其設想。

【出處】湯顯祖．紫釵記：「太尉不將心比心，小子待將計就計。」

忽必烈種「思儉草」

西元一二一五年，忽必烈出生在一個貴族家庭，是一代天驕成吉思汗的孫子。少年時，他常常聆聽祖父、父母講述蒙古人民艱苦創業的故事，親眼目睹人們為生活而奔波的艱難，使他在那動盪的社會環境裡養成了草原英雄強悍、淳樸的性格。後來，他成了藩王，但並沒有坐享安逸的生活，而是常去訪求賢士，學習治軍理政之道；還常深入民眾，體察民心所向。

西元一二一七年，忽必烈成為元朝的開國皇帝。他大力發展農業生產，提倡墾殖，設立都水監和河渠司掌管水利；修治黃河，開鑿山東會通河和北京通惠河。這些措施對發展農業生產，改善人民生活起了積極作用。

忽必烈一直沒有丟掉蒙古民族吃苦耐勞、勇敢儉樸的優良傳統。忽必烈在宮內提倡儉樸，節約開支。他要求內宮人員及朝廷諸臣在穿著上

不能奢侈，多用麻布製作，少用綢緞。禁止在著裝和馬鞍等物上鑲飾金銀珠寶。為了讓子孫不忘祖宗風餐露宿的淳樸作風，他還特地派人從漠北移來青草，栽在皇宮前的石階下，四周立起欄杆，取名「思儉草」，命內宮人員經常去觀看，接受教育。有時，忽必烈還親自帶著兒孫們到「思儉草」前講述祖上創業的經過，教導他們生活上要講勤儉節約。

後來，有人寫了一首詩讚美忽必烈的這種行為。該詩寫道：「墨河萬里金沙漠，世祖深思創業難；卻望欄杆護青草，丹墀留與子孫看。」

一次，忽必烈寵愛的察必皇后想做幾件衣服，就派宮女去太府監領取了綢帛，表裡各一塊。忽必烈知道後很生氣，召來皇后當眾指責她說：「綢帛是國家財產，不是私家之物，我總以為你賢淑，你怎麼可以隨便支取？」

皇后非常委屈地說：「奴家下次不會再拿了。」

「你還有下一次嗎？皇后，你要母儀天下，就需要注意言行，為人師表。」忽必烈非常嚴肅的說。

皇后聽完之後，慚愧至極，當即認錯，並馬上派人將綢帛送回太府監。此後，察必皇后更加注意勤儉。在後宮中，她不僅設法改裝衣帽使穿著方便、實用，還親自帶領宮女利用廢棄的弓弦織成布料，用來做衣。並建議忽必烈詔令大家仿照此法，加以推廣。

後來，察必皇后又派宮女撿回丟掉的羊皮，精心縫合成地毯，放在房內使用，得到了忽必烈的肯定和誇獎。

由於忽必烈帶頭講究儉樸，並頒行了相關規定，所以內宮人員儉樸之風盛行，很少有浪費財物的現象。

觸類旁通

不忘祖上創業的艱難，沒有丟掉蒙古民族善於吃苦耐勞、勇敢儉樸的優秀傳統，勤於從政、愛護百姓、生活儉樸，這是元世祖忽必烈的立國之本。

中國是一個農業大國，有十三億人口，農民占了其中絕大部分，即使有的不是農民，也與農民有著千絲萬縷的關係。不管我們以後身處何方、擔任何職，都不要忘了自己的根，不要忘了面朝土地背朝天的農民，不要忘了他們的汗水和心血，珍惜每一粒糧食，從現在開始。

朱元璋毀金床

明朝的皇帝當中，太祖朱元璋是最節儉的一個。洪武八年，朝廷決定在皇城內改建宮殿。一天，朱元璋特別就此事訓誡朝廷大臣說：「遠古的時候，君王的宮室都很樸素。但是後來的君王卻越來越講究奢侈享受，把宮殿建得華麗壯觀，這樣離遠古的傳統也就越來越遠了。現在我們建宮殿，只求堅固，不求華麗。凡是不必要的裝飾，一律不許使用。再說，樸素而堅固的宮殿可以保存得更長久，同時可以告誡後世子孫要始終保持艱苦樸素的作風。至於修建那些亭臺、花園，實在是勞民傷財，我絕不同意那樣做。你們要告誡有關部門的官員，讓他們按我的意思去辦。」後來，在改建宮殿的時候，朱元璋還不時地前去巡視，而工部官員也正是按照朱元璋的旨意做的。

有一天，朱元璋經過奉天門，發現一個侍衛武官的服飾非常華麗，心裡非常納悶，心想：「侍衛武官的官職不大，俸祿也很低，怎能有錢穿得起這麼華麗的衣服呢？」於是就停下來，命人叫來那個武官準備仔細詢問。

這個武官一見朱元璋，也顧不上愛惜華麗的衣服，慌忙下跪磕頭。朱元璋問：「你這身衣服花了多少錢？」武官回答說：「五百貫。」

朱元璋一聽，很生氣，責備他說：「你因襲父兄的功勳，生長在富裕的家庭，衣來伸手、飯來張口，完全不知道農民、織婦的辛勞。無論冬夏，農民總是日出而作、日落而息，成年累月地在田地裡勞作；紡紗織布的婦女，也是日夜操勞，積縷成寸、積寸成匹，他們都非常辛苦。但等糧食收穫、紗布織成之後，各種索要之人接踵而至，一年的辛勞，最後竟不能留下一點供自己享用。他們做得最多，卻吃得最差、穿得最破。你一件衣服就花費了五百貫錢，你可知道五百貫是多少農民一年的花費呀！你奢侈到這個地步，豈不是自取滅亡？從今以後一定要引以為戒。」這個武官聽得兩腿發軟，趕緊磕頭謝罪。

觸類旁通

有人說過：「節儉是一切美德的根本」。勞動創造財富，但如果不注意節儉，勞動成果也會白白地浪費掉。更可怕的是，不注意節儉便會養成講究享受、奢侈鋪張、出手闊綽的壞風氣。

現實生活中有些人不注意節儉，垃圾桶裡常常扔進的不是垃圾，而是好端端的衣服、學習用品、玩具。有些年輕人愛名牌，專挑價錢貴的東西來買；稍微舊一點的東西就覺得「老土」了，於是都把它們扔掉了。還有些年輕人出手夠「闊綽」，生日、郊遊，動不動就花掉一大把的錢，一點兒也不心疼，這樣下去很可能會成為敗家子。

朱棣克己求大治

朱棣當上皇帝後，簡直是個事無巨細一概過問的人，事情管得過多，總顯得有些應接不暇。他認為，皇位得來不易，應居安思危、防微杜漸，事事都應過問，惟恐有所失誤。

他曾經說：「一個小小的東西，放在不穩定的地方就危險，放在穩妥的地方就安全。」他指著一尊鎮紙金獅，感慨道：「天下是最重要的『大器』，更應放在安全的地方。怎麼可以放在危險的地方呢？即使天下太平，也不可忘了危險。所以在小事上必須謹慎，小事上如果不謹慎，長此以往，就可能招致大的禍患。」

為了天下這一「大器」，朱棣不敢有絲毫的懈怠。他處處克已，以求天下之治。他把大臣送上的〈大學正心章講義〉反覆讀了多遍，特別欣賞其中靜心寡欲的道理，認為做皇帝的尤其不能有所好樂，情緒波動太大，應該儘量做到心靜而虛。

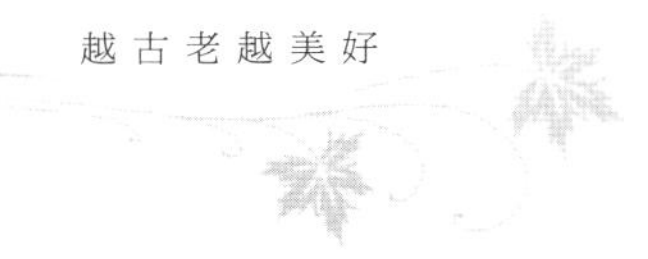

由於上朝時忙於政事，往往來不及靜思，退朝後則容易放鬆自己，朱棣便經常默坐冥想，以約束自己的欲心。一想到天下，他頓時警覺起來，克己之心便占了上風。於是，他將欲心與天下聯繫在一起：「為人君，只要宮室、車馬、服食、玩好無所增加，則天下自然無事。」

朱棣的生活很儉樸，有一次上朝穿的內衣都破舊了，甚至衣袖外露，他也捨不得扔掉，而是讓宮中人重新縫補之後再穿。他不僅自己儉樸不浪費，還要求子女以儉行事，絕不允許奢侈浪費，比吃比穿。侍臣們看到那件滿是補丁的衣服，由衷地佩服皇帝的為人，並大加讚頌皇帝的「聖德」，心悅誠服，決心以聖德為榜樣，克己待人，儉樸持家，忠心為國效勞。作為一國之君，他這樣做，主要是因為他擔心官員之間互相攀比，百姓生怨而致使天下不穩。

一次，朱棣派宦官去山西採辦天花，但宦官剛出發，朱棣就感覺不對勁，非常不安，快馬加鞭，立即派人下令停辦了。外國使臣向他朝貢玉碗，他說庫府中已有這東西，拒而不受，讓禮部賜鈔遣還。因為在朱棣看來，對於這類平日不用，府庫中又已有的東西，儘量限制，免得人們察其所好，爭相進獻，對國事沒有好處。

朱棣居安思危、勵精圖治，在位時期經濟飛速發展，國家繁榮昌盛，為他子孫時期的「仁宣之治」打下堅實的基礎。

觸類旁通

我們常說：「細節決定成敗。」注意節儉，細水長流，就成為國家和個人能否過一種相對豐足殷實的生活的關鍵性問題。一個人如果平日裡就注意節儉，量入為出，那麼在同樣的情況下，他的生活就會比那些不注意節儉、無節制地消費，甚至浪費的人要平穩得多。相反，那些平時不注意節儉，甚至奢侈浪費的人，生活上就容易出現虧空，從而容易因為缺少基本的生活條件而去做違背道德的事。

【原來如此講典故】

居安思危

【解釋】雖然處在平安的環境裡，也想到有出現危險的可能。指隨時有應付意外事件的思想準備。

【出處】左傳・襄公十一年：「居安思危，思則有備，有備無患。」

將相之儉

李沆崇尚節儉

宋朝太宗年間，河北出了個大名鼎鼎的人物——李沆。他踏上仕途以後，先後任過著作郎、參知政事、禮部侍郎和中書侍郎等職。就是這樣一位大官，他自己的生活卻非常節儉，作風極其樸素。他為人正直、莊重嚴謹，身居高位不慕虛榮，從來不肯利用手中的權力為自家及親友牟取私利。因此，他的朋友雖然遍及朝野，但沒有一個人敢以私事相求。他在年邁退隱之後，整日依舊正襟危坐，甚至連身子都不曾有過絲毫的傾斜。

他早年為了安頓家眷，打算在河南封丘境內建造一處住宅。消息傳出之後，前來為李沆出謀劃策的人絡繹不絕，甚至有人送來了金銀和磚瓦，都被李沆一一謝絕。

新房落成後，前來祝賀的人熙熙攘攘，熱鬧非凡。客人們遠遠瞧見新居的門樓又矮小、又簡樸，不免產生了遺憾。有個縣官神祕地對大家說：「怎麼單憑門樓就判斷宅第的好壞呢？財不外露嘛，這才是李大人的高明之處。」李沆帶著客人來到新宅之內。跨進普普通通的大門，只見院內方磚鋪地，四周綠草茵茵，找不到一棵名貴的花木。屋子是青磚灰瓦，室內陳設極其簡單。人們不免大失所望。一位老鄉紳忍不住站出來說：「李大人，按您的身分，建造一座豪華住宅也不算過分，可是這房子與百姓住的沒有什麼兩樣。我們都知道您歷來反對豪華，崇尚節儉，但現在這樣也太寒酸了。」李沆望著這位激動的老鄉紳以及失望的客人，笑著說：「大家的想法我理解。營造房屋的目的是為了避風遮雨，將來總要留給子孫的。我這個人沒什麼本領，由於皇上偏愛，我才做了中書侍郎，提倡節儉是我的責任。」在場的人聽了，對李沆更加欽佩了。

過了很多年以後，李沆已是一位花甲老人。家人見他年事已高，就想特別為他建造一所宅第和花園，作為晚年的歡娛之所。然而每當家人提起此事，都遭到李沆的斷然拒絕。李沆的弟弟李維，當時正身為戶部員外郎，有一天特來探望兄長。兩人聊著家事，李維想起造屋之事，便對李沆說道：「兄長一生節儉清廉，如今老之將至，又何必拒絕家人一

番好意呢？」李沆見弟弟也來說情，就語重心長地說：「我在朝為官多年，享受朝廷豐厚的俸祿，而且常有賞賜，要建造一座舒適的宅第，錢還是夠用的。但我為官多年，家人已經享受到了許多普通百姓享受不到的東西，我擔心他們在安逸的生活中喪失了意志，養成慕奢忘儉的陋習。如今我年事已高，朝不保夕，蓋了華貴的住宅，不是等於我為家人創造享受奢華的機會嗎？」李維聽了哥哥的一番教誨，內心受到了極大的震動。想起兄長一生要求自己和家人厲行節儉，如今到了垂暮之年也不肯有絲毫的鬆懈，不禁感動得流下了熱淚。

觸類旁通

李沆一生可謂是典型的清貧一生，是超脫的一生。從住到自己的言行都有嚴格的規範，而且對自己的家人、親戚也是如是要求。俗語說：做一件好事容易，難的是一輩子做好事。做一天好官容易，難的是做一輩子好官。在人情社會中，如何拒絕人情是難事中之難事；在物欲社會中，如何帶動自己的家人陪伴自己共守清貧，亦是難事中之難事。能夠至死堅守自己的節氣，方為真正的偉人；能夠時刻牢記自己的良知，方為徹底的正直。

寇準罷宴

北宋真宗時，寇準出任宰相。當時，北方的契丹人經常興兵犯境，由於寇準堅決主戰，使邊境得以安寧，寇準也因功被封為萊國公。

寇準五十壽誕前夕，為了把自己的壽慶辦得氣派一些，他特意派管家陳山攜帶一萬兩銀子專程去蘇杭採辦古玩玉器。不久，陳山便滿載而歸回到汴京。一萬兩銀子全都用光了，光是其中一株五尺高的珊瑚樹便花了四千兩銀子。

壽慶這天，相府內大擺筵席招待前來慶賀的賓客。因為寇準少年喪母，他家中有一姓劉的女僕將他帶大，寇準尊稱她劉媽媽，待她如生身母親一般；寇準也特意在廂房為她擺了一桌酒席。誰知劉媽媽剛在酒席前坐定，一個叫陳山的人慌慌張張地走來跪在地上，劉媽媽就問他出了什麼事。原來，陳山一不小心，將他剛剛從杭州採購來的珊瑚樹失手打碎了。陳山知道闖了大禍，趕來求劉媽媽替他到寇準面前去講情。

劉媽媽一聽那株珊瑚樹是用幾千兩銀子買來的，心裡非常生氣，二話沒說，就來到寇準門前，坐地號啕大哭。寇準忙出來詢問是什麼事，讓她如此傷心。

於是，劉媽媽歎了口氣，說：「我就是為了相爺你才傷心的啊！」

寇準吃了一驚，忙問道：「為我什麼啊？」

劉媽媽難過地說道：「相爺你忘了太夫人在世時，經常教誨你要以勤儉為本？你現在為祝壽，竟不惜花費萬金，派專人去蘇杭採辦古玩奇珍！你身為宰相如此奢華，倘若上行下效，怎能讓滿朝文武清廉自守？」劉媽媽越說越激動，指著寇準，毫不客氣地說：「太夫人若是見到這般光景，她老人家豈能容你！」劉媽媽這一番話，如同一盆涼水澆在了寇準的頭上，站在那裡，半天說不出話來。劉媽媽又說道：「太夫人臨終時，交給我一張她親手繪的畫圖，囑咐我說：我兒自幼嬌生慣養，將來他若有做得不對的地方，就將這張圖畫交給他看。」

寇準聽說母親留下一張畫圖，忙讓劉媽媽取來觀看。只見那畫圖上畫著寒窗孤燈之下，衣著簡樸的太夫人在教導寇準讀書的情景。

畫圖上還題著四句詩：「孤燈課讀苦含辛，望兒修身為萬民，勤儉家風遵母訓，他年富貴莫忘貧。」

寇準一見頓時淚如泉湧，忙跪倒在畫圖面前，連連向母親請罪。劉媽媽趁機語重心長地說道：「太夫人辛苦一生，只望相爺長大成才。如今相爺官居宰相，總算沒有辜負太夫人的一片苦心。如果相爺能夠以勤儉為本、修身為民，便算是盡得孝心了，也可以告慰太夫人的在天之靈了。」

寇準面帶愧色，連連點頭稱是。馬上通知管家：「歌舞即時停止，所有賀儀、賀客，一概辭卻。」

寇準轉過來對劉媽媽說道：「今日如果不是劉媽媽指教，寇準險些把事情做錯，今後還望您看在太夫人的面上，多加指教才是。」說完，命陳山將那張教子圖掛在後堂供奉起來。劉媽媽望著勇於改過的寇準，不由欣慰地笑了起來。

從此，寇準牢記母親的教誨，戒除奢華，簡樸一生，盡心朝政，終於成為我國歷史上的一代賢相。

觸類旁通

青少年要以實際行動繼承勤勞節儉、艱苦奮鬥的傳統美德。勤勞節儉、艱苦奮鬥並不是一種模式化的生活方式，它是一種人生態度、價值取向和倫理觀念。特別是作為經濟尚未獨立的青少年更應以實際行動去發揚艱苦奮鬥的精神。不講吃穿，不亂花錢、不擺闊氣、愛惜勞動成果，節約用電、用水、用糧，養成良好的勤儉習慣。

張儉服袍三十年

遼聖宗時，按照舊例，凡聖駕巡行之地，地方長官當有所貢獻。聖宗到雲中地區打獵，一無所獲，非常失望，氣憤之餘，責備地方節度使。地方節度使見機行事，感慨萬千，說：「臣境中的確沒有什麼特產，但是臣有一代之寶——幕官張儉，願獻之。」聖宗非常驚訝，馬上追問：「此話怎講？」只見節度使沉著冷靜，將張儉的為人和政績娓娓道來，令聖宗羞愧難當，深感欣慰，對張儉更加敬重。

張儉，苑平人，為人正派、謹慎。遼聖宗統和十四年中進士第一，任雲州幕官。在生活上非常儉樸，穿的是質地粗糙的布，吃飯也不講究什麼色香味全，只要能填飽肚子就好。每個月省下來的俸祿，都周濟給了親戚朋友或者鄰居中生活貧困的人。

嚴冬臘月，他奏事於便殿，興宗見他穿的衣袍太過破舊，就悄悄地叫身邊的侍衛趁他跟自己說話的時候，偷偷地用火在他衣服上穿了一個

洞作為記號，看看他是不是經常就只穿這一件衣服。一年四季，春去冬來，到了第二年冬天，張儉還是穿了件舊皮袍上朝。聖宗叫太監暗中檢查，袍子上的香洞依然存在。聖宗見了十分感動。對張儉說：「張儉，你日夜為國操勞，為什麼連一件好些的皮袍都不肯做呢？這件皮袍你穿了多長時間了啊？」張儉連忙答道：「陛下，現在大家的生活很奢侈，不知道節儉。我作為宰相，應該做個榜樣，好讓大家改變這種風氣。再說，這件皮袍雖已穿了三十年，現在還能穿，何必去置新的呢？」

興宗見他如此清貧，非常憐惜，說：「節儉固然是美德，可是您的袍子實在太舊了，至少也應該把面子換一下。這樣吧，你自己到國庫去從貢品中挑選一匹好衣料吧！」於是，就命令人把皇宮倉庫的大門打開，讓他隨意去取自己喜歡的東西。

張儉不好違抗君命，只得去國庫挑選。選來選去，足足花了一個時辰，挑選了一匹他自己中意的皮袍面料。來到大殿，謝了聖恩，將面料放在自己的座位上。滿朝文武圍上去一看，他挑選的竟是一匹粗布！

聖宗見了此番情景，十分感慨地說：「唉，要是大臣們都像丞相這樣品德高尚，國家還愁不能興旺嗎？只可惜現在奢靡有餘，節儉不足啊！」

眾大臣聽了聖宗的話，不由得臉都紅了。從此，大家都以張儉為楷模，注意清廉節儉，社會風氣漸漸好轉。

觸類旁通

三國時的諸葛亮曾在〈誡子書〉中提到「儉以養德」，指的是簡樸的生活能夠培養人的高尚情操。它把人們的視線從物質追求轉移到道德修煉上，轉到對義的追求上，是一種很高的道德境界。張儉服袍三十年，他不以此為恥，因為他在意的是社稷、是百姓，毫不顧忌別人對他衣著的看法。

反觀現代社會，有些人被強烈的虛榮心驅使著，比吃比穿、招搖過市、譁眾取寵，有時還用炫耀、賣弄等不正當手段來引人注目。為了追趕偶像，顯示自己，也不惜模仿名流的生活方式。殊不知自己可憐的要命，因為虛榮心強的人，往往是華而不實的浮躁之人。

司馬光訓兒倡儉

在司馬光的一生中，流傳著許多動人的故事。他認為節儉是人的可貴品德。他身為宰相，但生活節儉淳樸，為官正直無私，兩袖清風，除俸祿外，不謀取外財，就是收到俸祿，還經常周濟他人，並常常教育他兒子要學會儉樸，反對奢侈。

司馬光為使子孫不忘節儉，在晚年時專門為兒子司馬康寫了一篇家訓，教育兒子養成節儉的美德。他說：「我們家本來清寒，世代以清白的家風相承繼。我從小就不喜歡奢侈，小時候大人要我穿那種飾有金銀絲的華麗服裝，我覺得很難為情而不肯穿。二十歲那年考中了進士，參加皇帝賜的宴會，別人很高興地戴上皇帝賜的花，我可不願戴。同考的人說：『這是皇帝賜的花，不可違抗。』我這才不得不戴了一朵。我平生只求吃飽穿暖。眾人都以奢靡為榮，我心獨以儉素為美。別人都恥笑我，說我簡陋，我卻不以為這是缺點。孔子曾說過，因為儉約而有過失的人是很少見的，對於有志追求真理卻又以吃粗食、穿破衣為恥辱的人，不值得和他談學問。」

司馬光贊成古人「以儉為美德」的行為，給兒子列舉了歷史上許多「以儉立名，以侈自敗」的故事。他說：「宋仁宗時的張知白，雖然位居三公，俸祿很多，蓋的卻是粗布做的被，別人對他有『公孫布被』的譏語也不在意。春秋時魯國的季文子，當過三朝的丞相，而他的妻妾卻沒有穿過帛製的衣服，他家的馬沒有餵過粟。然而西晉的石崇，雖然官僅為侍中、荊州刺史，生活卻極度奢侈，還常與貴戚王愷爭強鬥富。有一次，石崇與王愷比試，用蠟當柴燒，道路兩旁以錦為障，長達五十里，王愷自歎不如。後來他在『八王之亂』中被殺身死。還有西晉武帝時的何曾，每天吃飯就得花錢一萬，還嫌沒有好菜吃，結果落得個傾家蕩產的下場。」司馬光教育兒子要向張知白、季文子等人學習，以石崇、何曾之流為借鑑。要求兒子不但自己要節儉，還要把節儉作為家風，世代相傳。在他的教育下，兒子司馬康從小就懂得儉樸的重要性，並以儉樸自律。

司馬光在工作和生活中都十分注意教育孩子力戒奢侈，謹身節用。為了完成《資治通鑑》這部歷史巨著，他不但找來范祖禹、劉恕、劉斂

當助手，還要自己的兒子司馬康參加這項工作。當他看到兒子讀書用指甲抓書頁時，非常生氣，認真地傳授了他愛護書籍的經驗與方法：讀書前，先要把書桌擦乾淨，墊上桌布；讀書時，要坐得端端正正；翻書頁時，要先用右手拇指的側面把書頁的邊緣托起，再用食指輕輕蓋住以揭開一頁。他教誡兒子說：做生意的人要多積蓄一些本錢，讀書人就應該好好愛護書籍。為了實現著書立說、治國鑑戒的理想，他十五年始終不懈，經常抱病工作。他的親朋好友勸他不要太疲勞，他回答說：「先王曾經說過，死是生命的歸宿。」這種置生死於不顧的工作、生活作風，使他的兒子深受啟迪。

這一切，對其子孫的影響很大。後來，司馬康做官時廉潔奉公、口不言財，也被稱為一代廉士。

觸類旁通

「由儉入奢易，由奢入儉難。」強調要自覺保持儉樸，防止奢侈，含有自勉、警世之意。人都想過好日子，這本無可厚非，但是過於奢華是不可取的，而且這種追求是永無止境的。

許多富裕人家過度放縱子女，沒能培養子女艱苦樸素的生活習慣，使得自古「富不過三代」之說就成了必然。反觀海外一些成功企業家，雖然家境富裕，但依然對子女嚴格要求，從不給孩子更多的零花錢，甚至寒暑假還讓孩子四處打工。這些成功企業家並不是苛求子女能為自己多賺一點錢，而是希望子女懂得每一分錢都來之不易，懂得艱苦奮鬥，懂得自立自強。

王安石自恃節儉

王安石出生在一個地方官吏的家庭裡。他自幼勤奮好學。二十二歲那年考中進士，走上了仕途。他先後當過浙江鄞縣、江蘇常州等地的知縣。任職期間，親自到各處督促農民興修水利。青黃不接時，又把官糧借給農民，等收穫後僅加少量利息歸還。西元一〇六七年，宋神宗登基後，很賞識王安石的才能，任他為宰相。

在生活上，身為宰相的王安石，一貫以節儉為原則，從不鋪張浪費。王安石剛做宰相時，每天忙於國家大事，飯菜卻十分簡單，於是人一天天地虛弱下來。夫人見了很心疼，就命廚房多做一些好吃的菜，也勸他吃好點。可是每頓飯下來，王安石總是把魚、肉等葷菜留下。有一回，僕人做了一碗紅燒獐子肉，以為又要剩下。不料，王安石對紅燒獐子肉很感興趣，桌上其他菜幾乎沒有動，獐子肉卻被他吃掉了一大半。夫人見了異常高興，吩咐以後每頓飯都要有獐子肉，並命廚房不斷翻新花樣。說來奇怪，從那天起，王安石再沒有吃過獐子肉。後來才知道，王安石並不是喜歡吃獐子肉，只是見那天別的菜價錢昂貴，獐子肉反而顯得便宜，就多吃了一些。

王安石潔身自律，從不接受別人的禮物。一次，一位好友特別託人弄來一方名貴的硯臺送給王安石，並說：「這石硯質地細密、表面光滑，節省墨、不傷筆，是天下少有的名硯啊！」好友說著，還對石硯呵了一口氣，口氣馬上就凝成了小水珠。

王安石大笑，說：「那有什麼稀奇，又有什麼意義？字寫得好壞，與石硯沒有多大關係。」直到最後他也沒有收下這方硯石，硬是把硯臺送還給好友。

在官場多年，王安石為人正直，不畏強權，深得朝中大臣們的敬佩。有一年，國舅向雍的老母不幸去世，神宗派王安石為欽命「治喪司儀」前往弔喪。向雍身為國舅，在朝勢力很大，王安石與他一向沒有交往，本不願前去。無奈皇命難違，只得輕車簡從，來到向府。一走進向府，只見大門兩側各有兩張收受禮品的帳桌，四個帳房先生揮筆記帳，一群披麻戴孝的家丁在清點禮品。只見送禮的官府差役和地方豪紳絡繹

不絕。王安石卻空著雙手見了向雍，在他的主持下，辦完了治喪儀式。

傍晚時分，向雍命家廚精製了美味佳餚，準備宴請宰相王安石和他的隨行人員。王安石向來看不慣向雍和那幫巴結他的官員，不願和他們坐在一起吃酒宴，於是命家人整理行裝準備上路。向雍一聽急忙前來挽留，王安石就對向雍說：「我也是凡人，也喜歡山珍海味，怎奈太夫人剛剛仙逝，舉府上下都沉浸在悲哀之中，這酒宴我就心領了。再說，你家喪事已畢，我的司儀之職已盡，還要趕著去辦其他欽命公務。」就這樣拱手告辭。

觸類旁通

節儉在如今社會一些人的眼中是一種矯情，可見這些人並不是真正的理解節儉的真正內涵。王安石潔身自好，為的是老百姓。正因為心繫百姓，才能從自己的生活上嚴格要求自己。體恤百姓的辛苦，自己又如何奢侈揮霍？體恤百姓的勞累，自己又如何貪圖享樂？

王安石的作為正是今天為官之人的楷模。行賄之人手段頗多，但是只要守住心中的那片淨土，任何誘惑都是身外之物。

【原來如此講典故】

錦衣玉食

【解釋】精美、豪華的衣食。形容豪華奢侈的生活。

【出處】魏書・常景傳：「夫如是，故綺閣金門，可安其宅；錦衣玉食，可頤其形。」初刻拍案驚奇：「況乃錦衣玉食，歸之自己；擔飢受凍，委之二親。」

左宗棠崇儉廣惠

左宗棠是清代著名的政治家。咸豐十年，由於他的出色表現，由幫辦軍務直接升任巡撫，官高位顯，薪金豐厚。但是他不忘布衣經歷和過去的艱苦生活，勤儉節約、克己奉公，生活仍舊十分儉樸。

作為一個巡撫，他平時只穿棉布縫製的衣服，從來不喜歡呢絨綢緞之類的高級衣物。有一次，他的夫人為他定做一件綢緞衣服，早上起來拿過來準備讓其試穿。這反倒惹怒了左宗棠，他嚴厲地斥責道：「今天是什麼特殊的日子嗎？」夫人一臉的疑惑，說：「未曾聽您提起過啊！」左宗棠非常生氣地說：「又不是什麼朝祭大典的特殊場合，為何叫我穿這些華貴的衣服？以後除非是特殊日子和特殊場合，我才會穿這些衣服，快快放回去吧！」接著，二話沒說，穿起他那件棉布衣服逕直走出門去。夫人滿腹委屈，但她太瞭解左宗棠的脾氣了，以後再也不自作主張讓他隨便穿綢緞衣服了。另外，左宗棠家裡沒有什麼傭人，他親自在後院躬耕，種植了許多蔬菜，平時所吃的也都是粗茶淡飯，每餐食用的基本上是由自己躬耕收穫的蔬菜，從不鋪張浪費；他本人也只有在宴請賓客、逢年過節的時候，才略微置辦一點酒肉、海鮮。

當時，官場中講求排場的風氣十分盛行。凡是新官到任，地方上都要耗費民財給新官建造一處新宅或是一所歌功頌德的祠堂。一年夏天，左宗棠由陝西巡撫調升陝甘總督，來蘭州就職。當他還在上任路上的時候，蘭州的下屬官員已按慣例，為他在蘭州五泉山清暉閣建造了一所祠堂，他們以為左宗棠見到它一定十分高興。

出乎他們的預料，左宗棠來到蘭州，當看到這所祠堂之後十分生氣，感歎道：「蒙皇上隆恩，微臣才能夠得以來此就職，為天下蒼生效命，為黎民百姓積福。今日我未曾就職，卻已經拿百姓的錢財為自己建堂，這要我拿什麼臉面去見天下百姓啊？」於是，隨即命令屬下廢除祠堂名稱，將其改為供平民百姓祭祀的神廟，並懲辦了最先宣導並主持這件事情的官員。

還有一次，左宗棠的好友胡雪巖從上海遠道來蘭州看望他，順便給他帶了一些禮品。左宗棠盛情難卻，只接受了一部分無法帶回去的食

品，並用自己購買的西北土特產作為回報，表達了感激之情，而把金座珊瑚頂和高麗參等珍貴物品原封不動地退回給了胡雪巖。他說：「這些東西太貴重了，愚兄實在是不會享用啊！還是交由賢弟妥善保管吧！」胡雪巖推讓不過他，只好將東西拿了回來。

觸類旁通

治生之道，只須守一儉字。一切動用，樸素些、簡淡些，安靜快活，有什麼不好？世間罪惡，都從多欲中來。不儉則奢，奢則多欲，做官的必貪、居鄉的必盜，非至胡為速禍、敗家喪身不止。奢用慣了，在物誘勢迫之下，即使心想廉潔，也難自主，因此古人說：「儉是養廉之法。」平日不取非分之財、不為外物所役，泰然自得，再加上一個勤字，不僅可以豐家遠罪，而且可以暢通無阻。

名士之儉

蘇軾節儉成習

蘇軾，字子瞻，號東坡居士，四川眉山人。蘇軾少年時就勤學好問、博通經史，很有才氣。他二十一歲的時候考中進士，開始了他的仕宦生涯。他的人生道路坎坷不平。起初擔任主簿、簽判一類的地方官，接著又在開封府任代理推官。王安石變法時，他站在保守的田黨一邊，兩次上書反對變法。因此，他被排擠出京，先後做過杭州通判以及密州、徐州、湖州的知州。

在杭州任職時，他見西湖草長水涸，葑田已占西湖之半。先後兩次上書朝廷，提出西湖不可廢的五點理由。朝廷批准了他疏浚西湖的請求。浚湖時，蘇軾每日親臨工地。先後招募二十萬民工，用了將近兩年的功夫，將疏湖的汙泥葑草堆積築成湖堤。堤上造六座橋，兩旁種桃、柳、芙蓉，供遊人欣賞。

不久，他又因作詩諷刺新法，遭諫官彈劾，被捕入獄。後經曹太后及大臣們的上疏說情，才得以獲救，被貶為黃州團練副使。他在黃州長江邊臨皋串住下，請得城東廢營數十畝地，開墾種植，過著休閒的田園生活。此地名為「東坡」，因此他自號「東坡居士」。

在東坡，蘇軾過著十分節儉的生活。在飲食上，蘇軾規定一頓飯只能有一樣菜，如果有客人來家吃飯，最多也只能再加兩樣。別人請他吃飯，他總是事先告訴對方，不許鋪張浪費，否則就拒絕前往。一天，好友來邀請他去吃飯，蘇軾便問友人：「你可知道我的規矩？」友人說：「放心，我絕不會大肆鋪張浪費的。」第二天，蘇軾如約前往，看見桌上放著一桌酒菜，周圍還多站著好幾個僕人，他知道自己被騙了，非常生氣，對友人說：「看來你並不知道我的規矩，我一貫厲行節約，反對鋪張奢華。」友人無奈，只好叫人撤去筵席，僅僅留下一壺酒四個菜。兩人一杯薄酒，談笑風生地聊起天來。友人非常敬重蘇軾的為人，感歎道：「到今日，我才真正瞭解你啊！」後來兩人又在一起吃飯時，每次都是薄酒一杯、四盤小菜，暢所欲言，興致勃勃。慢慢地，大家都知道了蘇軾的「規矩」，敬佩蘇軾為人的同時，也都深感慚愧。一時之間，整個官場吃喝請客、阿諛奉承的風氣被大大折煞。

有一天晚上，蘇軾坐在桌前，取出四千五百錢，分成三十份。他的妻子將錢裝到三十只小布袋中，然後用畫叉將錢袋掛到樑上。蘇軾的長子蘇邁不解地問父親：「父親，你為何要將錢分成三十份？」蘇軾說：「每天一份，一百五十錢，只准剩餘，不准空缺。布袋掛在樑上，一天比一天少了，日子也一天一天過去了。它能提醒你不要虛度光陰，懂嗎？」聽了父親的話，蘇邁又問道：「我們為什麼日子過得如此清苦？」蘇軾笑道：「君子倡儉，一日安分以養福，二日寬胃以養氣，三日省費以養財，此乃三養也。」一席話使蘇邁深深地懂得了節儉的意義。

蘇邁長大之後，深受父親的影響，做事也非常節儉和謹慎，受到了人們的肯定，贏得了世人的好評。

觸類旁通

蘇軾可謂中國一大文豪，而其節儉之品行又使其名聲更為響亮。為官之道說難也難，說易也易。能夠為百姓樹立各個方面的楷模形象，方能夠贏得百姓之信任。蘇軾不僅嚴格要求自己，而且能夠想百姓之所想，急百姓之所急，真的可謂是「心繫百姓」。今日，領導者需要的是生活上的嚴謹、樸素，需要的是作風上的正派、節儉，需要的是工作上的無私、奉獻。能夠如蘇軾一般，將自己的品行教授於下一代，更為完美。

郁離子不貪戀酒色

郁離子是古代著名的隱士。有一次，隨陽公子去拜訪隱居在山林中的郁離子。山林中風景秀麗，綠樹成蔭、果園成林，山不高、水不深，土地肥沃、鳥語花香，身在山中令人神清氣爽、心曠神怡，彷彿到了另外一個世界。

郁離子聽說有貴賓遠道而來，特意端上自己種植的新鮮水果，倒上一杯清茶，盛情款待。雙方坐定之後，隨陽公子站起來對郁離子說：「我早已久聞先生的大名了，十分敬仰先生，只可惜事務纏身，一直沒有找到合適的時間，拖到今天才有機會與您相見，因此向您表示歉意，並致以崇高的敬意。先生在此獨居多年，讓您受苦了！」

「我在此同山林為伍，與鳥獸作伴，一日三餐，有米有菜，苦從何來啊！」

隨陽公子接著說：「我想有道之士是不會遺棄一個草莽之人所講的話的，我想向您談一談我的看法。」

郁離子微微一笑，虛心地說：「願意洗耳恭聽。」

隨陽公子就說：「我有寬闊宏大的房屋和深宅大院，宅院四周都用圍牆環繞起來，非常安靜舒適。院中有天庭，地面平坦遼闊，天庭的兩邊高樓環立。屋子裡面四季如春，溫暖濕潤。屋簷下有五彩的飛廊，屋脊層層相繼如天上的彩雲。房屋由彩虹般的香木支撐著用來保持平衡，香木上雕刻著飛鳥走獸的美石承擔著桓柱。浮柱交錯如星羅棋佈，碧瓦琉璃像蕩漾著的水波。光彩奪目的奇花異草即使在冬天裡也開花結果，秀美的高林在夏天涼爽宜人，浮光流影進入就變成彩霞，細樂微聲響動便生出清風，搖動如街巷大開，飄忽似管弦齊鳴。

「於是，美麗的舞女拖著雲煙般的翠綃羅裙，鳴響著像泉水琅琅的佩玉，翩翩起舞。華宴擺開，陳上金樽，澄清芳醴，殺牛宰羊烹鹿，加蚌湯魚汁佐餐。把跳躍急流的鮮魴魚切成細片，把高飛雲端的天鵝用火炙烤，熬月窟中的兔肺作湯，煮霧谷的豹胎而食。果品有碧華的蓮子、紫英的雪梨；霜柑充滿蜜汁，紅荔猶如凝脂。吃飽喝足之後，獻上清新鮮美的水果，踏著笙簫樂曲的節奏起舞，良宵苦短，直到雄雞報曉，才奏起挽留嘉賓的雅樂。這一切是多麼美好！先生才華橫溢，卻在此獨居，清茶淡飯，豈是長久之計？今日我來此，能夠見到先生，也是三生有幸，願意能和先生一起共用榮華富貴。」

郁離子聽後，拍拍衣袖，說：「生活奢侈浪費，貪戀香酒美女，如果是一個國君的話，只要占有一樣就可以讓他亡國；如果是一個家庭的話，只要占有一樣就可以讓他妻離子散；如果是一個人的話，只要占有一樣就可以讓他身敗塗地。我可不願意過這樣生活啊！」

觸類旁通

取之有度，用之有節，則常足。大至一國，小至一家，量入為出都是重要的理財原則。推而廣之，資源和財物總是有限的，不能肆意揮霍。只有「取之有度，用之有節」，才有可能持續發展。

奢侈的生活不等於快樂的生活，因為如果我們與奢侈兩字扯上關係，那麼我們的人際關係會變得相當複雜，每日都要明爭暗鬥，互相攀比，逢迎附會，又怎麼會快樂！

【原來如此講典故】

量入為出

【解釋】根據稅收的多寡來制定支出的限度。後來泛指根據收入來斟酌開支。

【出處】禮記．王制：「五穀皆入，然後制國用，……以三十年之通制國用，量入以為出。」

李仲謙僅一布衫

世祖至元年間，李仲謙由嘉興路的一個小官，調往浙西按察司主管文書。李仲謙為人廉潔耿直，至清至正，勤奮能幹，工作成績卓著，非常出色。對拉關係、走門路的行為深惡痛絕，從不去上司那裡套近乎、拉關係。每天照常從官府辦完事回到家中，把門一關，謝絕來客，孜孜不倦，潛心苦讀文書，鑽研學問。由於他只是一個普通的小官，俸祿非常微薄，生活儉樸，家裡人口眾多，上有老、下有小，僅靠微薄的俸祿來養家非常吃緊。為了緩解經濟上的壓力，他就讓自己的妻子日夜不停地紡織布匹，紡好之後便拿到集市上賣了，換作銀兩，來貼補家用。

李仲謙更是簡單樸素，終日只穿同一件白色布衫。白色布衫早已被洗成了黃色，同僚們看到他整日只穿一件衣服，多次嘲笑他說該換一件新的了。但李仲謙總是笑瞇瞇地說：「這件還可以穿的。」因為平時要穿著去官府辦公，只有等到官府放假休息的時候才能夠洗刷或者縫補。如果湊巧在他洗衣服的時候有客人來訪，他經常不得不讓他的兒子出來

跟人家道歉：「實在對不起啊！我父親正在家收拾衣服，不能出來見您，還望多多包涵。」

這樣一來，竟然搞得客人非常迷惑。堂堂一個大男人，有什麼衣服需要整日收拾，竟然連會客的時間都沒有了？也正是因為這件小事，李仲謙不自覺地也得罪了一些人。有一天，李仲謙的幾個同僚坐在一起議論起此事來，大家東拉西扯、左思右想，決定好好「審問」這位李大人，看他究竟為何整日在家收拾衣服。

正在閒聊之際，李仲謙進來了。只見他依然穿著那件褪了顏色的白色衣服。按察使雷彥便和他開玩笑說：「你外邊穿個布衫，是不是裡面藏著珍珠啊！」李仲謙聽了之後也沒有答話，慢慢地走到自己的書案旁，寫了個辭呈，朝几案上一放，起來走了。雷彥知道之後，非常後悔自己胡亂說話，忙親自到李仲謙家中向他賠禮道歉，請他出來辦事。但李仲謙始終沒有答應。

雷彥調走之後，又來了一個按察使。這個按察使知道事情原委之後，也親自去請李仲謙，李仲謙這才出來辦事，後來他官至行臺御史。

觸類旁通

我們提倡勤儉節約，並不是要人們去當「苦行僧」，再去吃糠菜，再去故意重複過去那種貧窮困苦的生活方式，而是要牢記「簡樸」的深刻精神和文化內涵。我們反對奢靡、反對揮霍。

在物質生活得到改善的今天，我們更要學習李仲謙「僅一布衫」的精神，生活上崇尚節儉，富而不奢；學業上勤奮刻苦，積極進取；工作上艱苦奮鬥，奉獻社會。這裡體現的是文明健康的生活方式，是豐富高雅的生活情趣，是兢兢業業的工作態度，是開拓創新的實踐行動，也是奮發向上的精神狀態。

王溥不受贈送

王溥，桂林人。王溥任職期間，盡力為民多做好事。當時糧食從海道運來，多遇風沉沒，他決定改海運為陸運。他親自到庾嶺察看地勢，命有司鑿石填塹，修治橋樑，築好道路，實行車運，人民因此而獲益，非常方便。

王溥為官數年，他的竹箱從來沒有兩套衣服，廚房從來沒有做過兩種菜肴。其清儉如此！後來他遭到誣陷，被捕下獄。因為沒有俸祿，囚犯生活極其艱苦，僚屬同情他的不幸遭遇，送他一些錢物，他都婉詞拒絕，說：「我豈能因為患難而改變心志？」後來案情大白，王溥平安歸家。

洪武末年，他曾任廣東參議。有一次，他的弟弟乘船從家鄉來探望他。在途中天空驟起大風，氣溫突降，弟弟只穿了一件單薄的衣服，躲在船艙角落裡瑟瑟發抖。這時，一個年輕人，相貌堂堂，滿臉善意地走過來，遞給他一件布袍，說：「穿上吧！」王溥的弟弟猶豫了一下，最後還是很感動地接過了布袍，感動至極。

年輕人關切地問：「你是哪裡人啊？也是去廣州的嗎？」

王溥的弟弟難為情地說：「我是從桂林老家來的，這次專門去廣州看望我哥哥。」

「哦，原來如此。」年輕人點了點頭，也不方便再多問什麼，於是就轉移話題，兩人開始閒聊起來。

王溥的弟弟非常敬仰自己的哥哥，當然無意識地就把自己的哥哥納入談話的主題之中，說自己的哥哥如何寬以待人、如何秉公執法、如何為民著想等等。說到最後，年輕人終於忍不住了，就問：「請問你家兄長高姓大名？」

「家兄名叫王溥。」王溥的弟弟告訴對方。

年輕人笑了，說：「這天地真是太小了！你家兄臺正是我的上司

啊！」原來這位年輕人正是王溥的下屬何秀。

就這樣，兩人在閒聊中把時間給打發過去了。第二天清晨，船到了廣州，兩人一起下了船。王溥的弟弟連忙把衣服送還給何秀，被何秀拒絕了，說：「你我一面之緣，你又是王參議的弟弟，這個布袍就當作見面禮送給你了。」

王溥的弟弟再三推辭，何秀還是堅持要送。

到了家裡，弟弟就把這件事告訴了哥哥。王溥知道之後，便命令他的弟弟將布袍送還給何秀，說：「一件布袍雖然價值不高，但對此不可不慎，因為這是玷汙你節操、侮辱你名聲的開始啊！」

觸類旁通

「一件布袍雖然價值不高，但對此不可不慎，因為這是玷汙你節操、侮辱你名聲的開始啊！」王溥告誡其弟的話，確是至理名言。一個人犯錯誤，往往是自接受微小之物開始，逐漸由小到大而貪汙腐化，故其弟僅受一衣袍，溥令還之。也正因此，他自己雖遭難生活極其艱苦，也不能「以患難易其心」，不受人一物一錢。王溥能清廉在此，其受人敬佩之處也在此。

投金入河保名節

王琦是明朝永樂年間著名的官員，為官三十年，一直保持著簡樸的作風。為了節儉，他經常把一天的糧食分作兩天來食用，家人也跟著他受苦受難，還要挨餓。他的衣服破爛不堪，而且多是用紙片拼綴而成的。外人不知道的，還以為他是叫化子呢，親朋好友和官場上的同事有點看不慣，多次勸他注意著裝。對此，他都一笑而過了。他經常對自己說：「只要我站得正、走得直，為什麼一定要穿那麼規整的衣服呢？」

有一次，一位官員看他太窮，想接濟他，就趁著春節拜訪的時候給他帶了一些禮物。王琦知道後，索性躺在床上不起來接待，還吩咐家人無論如何都不能收下禮物。郡太守胡浚看到他太窮又太廉潔，就把他的情況反映到了朝廷。皇帝看到後，深受感動，為了表彰他廉潔的節操，就詔賜給王琦一百兩銀子。然而令人驚訝的是，王琦連皇帝的賞錢也不願意接受。

一年冬天，地面上積滿了厚厚的雪，天氣異常寒冷，王琦家裡已經斷糧三天了，米缸裡一粒糧食也沒有。一天，王琦的妻子非常高興地拿出兩個金環。王琦一見這兩個金環，大驚失色，趕緊問妻子這金環從哪裡弄來的。

妻子笑瞇瞇地說：「前幾天來了個人，說你有恩於他，他來報答，送了幾個金環。我想著家裡的米缸也快沒有米了，就偷偷收了兩個，沒敢讓你知道。正好今天派上用場，可以拿到市場上換些米，這真是雪中送炭啊！」

王琦假裝很高興，接過金環就出去了；但不到一刻鐘，他就灰溜溜地回來了。

妻子非常驚訝，嘲笑他說：「你怎麼這麼快啊！金環的力量就這麼大嗎？」誰知王琦拿出了一個空袋子遞給妻子。

妻子驚詫地問：「你換的米呢？」

王琦回答說：「那兩個金環都是假的，賣米的人不願意要，我就把它們扔到河裡去了。」

聽到這番話，看著空蕩蕩的米缸，再看看窗外漫天的飛雪和身邊嗷嗷待哺的孩子，妻子傷心地哭了。

觸類旁通

所謂的「儉樸」，就是力行中庸之道——知所節制、樸實無華，但並不意味著卑賤乞憐和慳吝寒酸。王琦做到了節欲，具備一種內在的定力，無論在多麼艱難的情況下都不隨便收別人的禮物，甚至不惜投金入河。

節制欲望，其實並非難事。關鍵在於心存定力，只要有心不貪，一定難以去苛求欲望。

張履祥以耕讀為樂

古代不入仕的學者多貧窮，而他們能成為學者也因其能安貧樂道，畢生沉浮於學海中，以讀書著述為樂。清代頗多安貧樂道之士，張履祥就是一個以耕讀為樂的學者。

他七歲喪父，家貧，母親沈氏勉勵他說：「孔、孟兩家無父兒也，只因有志，便做到聖賢。」及長，受學於著名學者劉宗周之門。學成，授徒。他重視經世濟用之學，並能實踐，自食其力。他耕田十餘畝，農忙時，穿草鞋、戴竹笠，手提筐飯，到田裡耕種，勞動在田裡，吃在坡上。

他自己耕作種田，收入只夠平常的吃和穿。他把房子取名為安樂窩，因此自稱為安樂先生。他每天早晨燃香靜坐；黃昏時小飲三、四杯

酒，稍有醉意就停止不喝了。興致來時，作詩自娛，快樂無比。有時候想到城裡去，就坐著車子，興之所至，想到哪裡就到哪裡。當官的、讀書人聽到他的車子聲音，都跑出來爭著迎接；小孩子們都很高興，互相說：「安樂先生來了。」有時候也隨興留下過夜，天明方才離去。

他曾說：「人須有恆業，無恒業之人，原因在於他喪失了自己的本心，喪失了自己的信仰。」他說自己因為愚笨，以稼穡作為自己生活的手段。因為一旦學會稼穡，就可以無求於人，則能立廉恥；知道了稼穡的艱難，就不妄求於人，不妄求於人，則能興禮讓。廉恥立，禮讓興，而人心可正，世道可隆。

明清之學，學者崇空談的多，而他強調實踐，以仁為本，以修己為務，著重經濟，安貧樂道，對事物有自己獨到的見解。

觸類旁通

懂得「勤以立志，儉可養德」是做人之美德。儉是德的全面體現，是道德的根本；侈是萬惡之首，也是萬惡之源。只有倡儉尚廉，鄙棄奢侈，才能克己奉公，為人景仰。

我們不一定要身穿名牌衣服或過富裕的生活，才會覺得快樂，最重要是衡量自己的負擔能力，不會因追求物質享受而忽略生命中更有意義的東西，例如健康、家庭、學業和友誼等。如果我們能夠長存感恩之心，珍惜父母對自己付出的愛，我們的生活已經十分富足。只要你表現出來積極和務實的態度、成熟的思想，加上努力奮鬥的心志和清晰的目標，就一定能夠在人生路上取得成功。

【原來如此講典故】

自食其力

【解釋】憑藉自己的力量養活自己。

【出處】禮記・禮器：「食力無數。」陳浩集說：「食力，自食其力之人。」

徐九思的「三字經」

徐九思，字子慎，江西貴溪人。西元一四九五年出生。他一生歷經明朝孝宗、武宗、世宗、穆宗、神宗五朝，先後歷任知縣、工部營繕司主事、員外郎等職。

明朝嘉靖年間，徐九思曾任句容縣令。他為官清正廉潔，一塵不染、兩袖清風。句容為明王朝南京應天府屬縣，在時風影響下，吏佐貪占司空見慣。九思一到句容，首先觀察瞭解情況，三天後，開始整肅吏風。他將一名竊藏公牒、偷蓋官印的縣吏當場抓獲，召集全體吏員於堂前公審，公佈其罪行，嚴懲不貸，給那些平時無視國法者來了個下馬威。

在句容任縣令的時候，徐九思從來不吃肉食，只吃青菜，加一些粗糧。他曾經在縣衙的大堂上懸掛一幅青菜圖。當別人問他掛這幅圖的用意時，他解釋說：「古人不是說過嗎？為官者，不能讓百姓面有菜色，而自己則不能沒有菜味，我這樣做是在提醒自己。」在句容縣當了九年縣令之後，由於政績突出，徐九思被提拔為工部營膳司主事，主要負責掌管工程的工料、監督工期的官員。百姓得知他即將離開，一再挽留。百姓的至誠之心實在難以拒絕，徐九思又待了一個多月還無法離開。

大家知道最終留不住徐九思，於是縣裡的長者對他說：「在您臨走的時候，給我們留幾句訓導的話吧！」徐九思深受感動，流著眼淚說：「我沒有其他的話可以對大家說的，只有『儉』、『勤』、『忍』三字而已。希望大家記住：厲行節儉就不會奢侈浪費，勤勞儉實就不會荒廢家業，寬容大度就不會鄰里紛爭，這是治家保身的道理。」

勤。徐九思勤於公務，親自處理胥吏們易於舞弊的事務。對徵稅催賦等事總是自己處理，瞭解鄉民貧富、賦役輕重，然後分別處理，避免徇私。除勤於公務外，九思還勤生產，帶頭墾荒，種植蘋果、飼養豬羊、放養魚苗等。

儉。徐九思不僅自己生活一貫儉樸，對公費也總是千方百計地節省。當地糧簿上本有一筆注明供地方官開支的例金，他對此分文不取，並毅然將這筆例金革除。這與當時貪奢的官場歪風形成鮮明的對比。

忍。徐九思主張「忍則不爭」，他自己不爭名、不爭利，息事安貧，不與當時官場的奔競之風同流合汙。但對於百姓利益，他卻不忍豪強侵奪，而起來與之抗爭。

嘉靖二十四年，徐九思在句容任職九年後被調入京。句容百姓為他建了五所祠堂，以示紀念。

徐九思走後，句容的百姓雕刻徐九思所畫的青菜圖，然後在上面寫上「儉」、「勤」、「忍」三字，人稱徐公的「三字經」。從此，句容的百姓家家懸掛他的肖像，早晚祈禱。

觸類旁通

勤儉就是勤勞節儉，包括努力工作和節約有度兩個重要方面。我國自古就以勤儉作為修身、治家、治國的美德。古人認為能否做到勤儉，是關係到生存敗亡的大事，不可輕忽。在現代社會，經濟增長和物質消費的觀念已經發生很大的變化，但勤儉作為一種美德，作為一種工作態度、生活作風或治國方針，還是要大力提倡的。

海瑞布袍脫粟

當時社會政治腐敗，賄賂成行、貪汙成風。淳安縣地處新安江下游，是重要的水陸交通樞紐，每天都要負責接待過往官僚和使臣，單就接待費用就是一筆大的開支，浪費大量國家人力、物力和財力。縣衙門無力承擔如此大的負擔，就把危機轉嫁到老百姓頭上。後來，海瑞被調任到淳安縣做知縣，他堅決抵制和嚴厲杜絕這種腐敗的風氣。

海瑞深知凡事都要從自我做起、從小事做起，努力為大家樹立一個學習的榜樣。平日裡，他勤儉節約、艱苦樸素，穿的是布袍，吃的是粗糧，並讓身邊的老家人種蔬菜供他日常食用。有一天，總督胡宗憲對身邊的人說：「昨天聽說海縣令就買了兩斤肉為母親祝壽啊！」

當時，胡宗憲任御史，是海瑞的頂頭上司。有一天，他的兒子經過淳安縣城，仗勢橫行，對驛站的官吏大發雷霆，臭罵這些官吏有眼不識泰山，沒有好好招待他這個大人物。海瑞看到這個少年猖狂無度、自命

清高，就吩咐官吏把他倒掛起來。海瑞說：「以前胡公巡查部署的時候，吩咐所經各地不要搞排場。眼前這傢伙行囊豐盛，一定不是胡公子。」於是趁機打開他的箱子，發現裡面有幾千兩白花花的銀子，吩咐官吏全部充公交給國庫。同時，派人火速稟告胡宗憲。胡宗憲一時無言以對，目瞪口呆，又氣又無奈，過了一會兒才緩過來氣，連聲說：「罷了！罷了！」

都御史鄢懋卿，身為欽差大臣，又有嚴嵩父子做靠山，勢大滔天、膽大妄為，作威作福。他每到一處，地方長官都要張燈結綵，巴結逢迎。招待他一頓酒宴，都是些山珍海味、大魚大肉，加上美女和甜酒，每次少則三、四百兩銀子，多則要花費上千兩。他和他老婆進進出出，坐的是五彩大轎，並公然由十二個女子抬著，招搖過市。他一路暢通無阻，偏偏在海瑞這裡碰了個釘子。這一天，鄢懋卿巡按到淳安，海瑞招待極其簡單，每頓都是四個素菜一湯，以吃飽為主，並大聲對御史說淳安縣小，百姓貧困，實在是能力有限，招待不周，還望見諒。鄢懋卿被海瑞氣得兩眼發光、咬牙切齒，但也不好意思多抱怨什麼。等到吃完飯後，他回到房間，不停地在房間裡踱來踱去生悶氣，又敲桌子又踢窗；

但是，他早就聽說海瑞的作風，這種吃飯的事情也不是一次、兩次了。於是，第二天，他就收起威風，夾著尾巴，小心翼翼地離開了。

觸類旁通

海瑞平素布袍脫粟，自奉節儉、不畏強暴，在當時的封建官僚隊伍中確實是罕見難得，令人欽佩的。

為官之道，首先就是要做大眾的楷模，身體力行、模範帶頭，在此基礎上，帶領大眾向著共同的願景前進。在前進的道路上，可能會不期而遇很多作威作福之人，對他們要有不畏強暴的果敢勇氣，據理力爭，為民做主，維護正義。

原來，

仁愛的初衷

是善待自己

帝王之仁

仁愛明德的虞舜

太史公司馬遷讚譽虞舜說：「天下明德皆自虞舜帝始。」虞舜二十歲以孝聞名天下，三十歲為堯所知並娶其兩女，五十歲代行天子之政，在位三十九年。其時華夏各族疆域擴大，政治清明，百姓安康。虞舜所處的時代，成為歷代政治家最為嚮往的社會。

舜，是顓頊的六世孫。舜的父親名叫瞽叟，就是「瞎老頭」的意思。因為他有眼不識賢愚，於是有這樣一個諢號。

傳說，瞽叟的妻子一次看一道美麗的彩虹發呆，忽然覺得心動而懷孕，後來在姚墟生下一個兒子。這孩子就是舜。他每隻眼睛都有兩個瞳仁，起名重華。後來，他又封於虞，所以叫虞舜。

舜生下來不久，母親就死了，幼小的舜從未得到過父親的疼愛。瞽叟不久又娶了一個年輕美麗的妻子，生下一個叫象的兒子和女兒，舜的日子就更不好過了。舜得不到一點家庭的溫暖，性格卻依然篤厚善良。他遭到父親的毒打，總是默默的流淚，實在忍受不了時，就獨自跑到荒野大哭一場。儘管這樣，舜仍然仁愛他的父親、後母和弟妹。

經過無數個難挨苦熬的日日夜夜，舜終於長大成人。他孝敬父母、友愛弟妹的賢名已傳遍華夏各部。但是，狠心的父母待他依然如故，舜只好離家出走，來到他早就嚮往的東方。

舜先是在歷山開荒種地，沒過多久，歷山的農民受他的感化，都爭著讓起田界來。舜又到雷澤去打魚，過了不長時間，雷澤的漁夫也都爭著讓起漁場來。舜後來又到壽丘製造各種傢俱器物，人們聽說後紛紛遷來居住。僅一年時間，這地方就成為村莊，再過一年就成了一個較大的集鎮，又過一年竟成為很大的城市了。舜的名聲由此更加顯揚。

天子堯決定讓舜繼承帝位，於是把兩個女兒娥皇、女英嫁給舜，讓九個兒子伴隨舜。結果在舜的感化下，堯的兩個女兒都不敢以帝女自驕，而是像一般人家那樣與鄰里和睦相處；堯的九個兒子也都尊敬舜，性格也日益篤厚恭謹。堯非常高興，於是賜給舜一把琴和一套細葛布

衣，為他修建了幾間穀倉，並且給了他一群牛羊。

舜自己做了天子的貴婿，並沒有忘記他的父母，於是帶著兩個妻子去見家人。瞽叟一家人見舜攜妻載物歸來，非但沒有收斂惡心，反而處心積慮地想把舜害死，好得到他的財產和妻子。

有一天，象喊舜去繕穀倉，舜回家告訴了妻子，兩個妻子每人送他一個竹笠遮日。當舜爬上穀倉後，象和瞽叟就從下邊搬走梯子，放起火來。舜將竹笠舉起，從穀倉上跳了下來，斗笠像鳥翼一樣，增加了浮力，他居然沒有一點損傷。

瞽叟和象一計未成，又想出另一陰謀。

這一天，瞽叟又叫舜去浚井，舜又回家告訴了妻子，兩個妻子每人送他一柄鋒利的鏟子。舜下井後迅速在井壁用兩把鏟子鑿了一個洞穴，剛剛鑿完，瞽叟和象就搬來土石，往井裡填土，填了一陣，聽聽井裡沒有動靜，以為舜已死去，非常高興，於是立即跑回家去分贓。

象搶先說：「主意是我出的，兩個嫂嫂和琴分給我，牛羊財物就給了爹媽吧！」說完就飛快地跑到舜家，拿著琴擺弄，想得到兩個嫂嫂的歡心。沒想到，舜已用利鏟把井鑿通趕回家來，象見了大吃一驚，非常生氣，過了好一陣才說：「我正在想念你呢！」

舜絲毫也沒有生氣的樣子，很平靜地回答說：「如果這樣，你一定很懂得兄弟情義了。」

瞽叟和象還不死心，他們又藉賠禮之名請舜飲酒，想把他灌醉後殺死。不想此事被舜同父異母的妹妹聞知，她同情哥哥的遭遇，連忙把這事告訴了嫂嫂。當象來請舜時，兩個妻子分別送給舜一包解酒的東西，然後舜就去赴宴了。

宴會上，陪酒的人都醉得不省人事，而舜卻毫無醉意——這場陰謀又失敗了。經過這幾件事以後，舜待父母弟妹更加孝悌友愛，瞽叟和象這才回心轉意，一家人從此和和睦睦地過起日子來。

觸類旁通

孝順父母、愛護兄弟姐妹，是中華民族的傳統美德。有缺點的父親（包括繼父母）和兄弟姐妹該不該愛？舜用他的行動為我們樹立了一個榜樣。

對於有缺點的父兄應該用一顆愛心去感化他們，幫助他們改正自己身上的缺點和毛病，這是一個正人君子應取的態度，也是修身的重要法則。愛能改造人的靈魂，也能改變世界。

五張羊皮換名相

秦穆公即位時，秦國還是一個地處偏遠、人少國貧的小國。穆公是一個很有抱負的君主，決定廣泛地招攬賢才，使秦國強盛起來。

這一年，穆公娶晉獻公的女兒為妻，在晉國陪嫁的奴隸中，有一個叫百里奚的人。穆公在清點人數時，卻沒有這個人。晉國的使臣說：「這人不過是六十多歲的老奴，沒有什麼用處，跑了算了。」穆公聽人說百里奚是一個很有才學的人，馬上派人四處打聽，一定要把他找回來。

百里奚原來是虞國人。他有經世之才，卻家貧如洗，空有報國之心，得不到重用。後來，經虞國大夫宮之奇的推薦，當了大夫。虞國國君不聽他的勸諫，借道給晉國，反而被晉國滅亡，百里奚也成為晉國俘虜。晉國國君想任他為官，他卻寧願做囚犯，也不肯為敵國做官。晉獻公非常生氣，就把他做了陪嫁奴，送到秦國。百里奚感到受了奇恥大

唇，便偷偷跑到楚國，當了一個放牛倌。

穆公查知百里奚在楚國，就想用重金向楚國贖回他。又一想，用重金相求，就暴露了百里奚是個有才之士，楚國必不放行。

於是就派使者向楚國說，我國一個奴僕百里奚，逃到貴國，我們想用五張羊皮贖回去治罪。楚國毫不懷疑地就把百里奚交給秦國。穆公親自釋放了百里奚，並向他虛心求教，他們一連談了三天三夜，言無不合，穆公高興地說：「我得到您，就像齊桓公有了管仲一樣。」當即封百里奚為上大夫，掌管國家大政。這就是歷史上有名的五羖大夫（五張黑公羊皮換來的大夫）。

秦穆公求賢若渴、識賢如鏡的名聲傳揚開來，很多賢士都匯集其麾下，形成了「謀臣如雲，猛將如雨」的局面，使秦國一躍成為「廣地益國，東服強晉，西霸戎夷」的強國。

觸類旁通

千軍易得，一將難求。人才難得，古往今來都是如此。只要是有智慧、有才能的人，心胸開闊的智者是一併看中的，正所謂「英雄不問出處」。

我們在對待一個人，評價一個人的是非功過時，也應當觀大節、看主流，而不應斤斤計較於細枝末節，更不能抓住一點不放，以小節之過否定大節，把人一棍子打死，把事情全盤否定，對人不必求全責備而已。

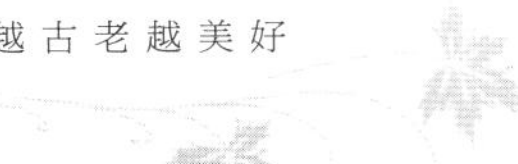

魏文侯尊賢

魏國有個賢士叫田子方，很有才學。魏文侯常常聽他講治國做人的道理，對他很尊敬。

有一次魏文侯請田子方飲酒聽樂。文侯聽出鐘聲音律不齊，便很得意地對田子方說：「先生，這鐘聲左高右低，不成音律，您可聽出了嗎？」田子方一笑。

文侯忙問：「先生笑什麼？」田子方回答說：「凡是英明君主，每日想的是怎樣選賢任能、治國安邦，哪裡有精力欣賞音樂。現在您對鐘聲的毛病判斷很準確，很會欣賞音樂，恐怕對治理官吏和國家的事就考慮少了吧，我擔心這樣下去，您會成為對政事昏暗不明的君主，所以我才笑。」

魏文侯是國之君主，聽了田子方的批評，面子上有些掛不住，但他沒有生氣，反而立即起身道謝，表示虛心接受他的忠告。

文侯的弟弟季成說：「田子方等人雖然有才，但我們也用不著與布衣齊禮，這樣會有損國君的尊嚴。」文侯批評他說：「仁人者，國之寶也；智士者，國之器也；博通士者，國之尊也。故國有仁人，則群臣不爭；國有智士，則無四鄰諸侯之患；國有博通之士，則人主尊固。你難道連這個道理還不懂嗎？」

由於魏文侯對待賢人從來不擺國君的架子，虛心聽取他們的批評建議，使許多仁人志士為他效力，成為一位賢明的君主。

觸類旁通

對於很多事情來說，人與人之間的信任都是前提。所謂「交淺不言深」，如果上司不信任你，你最好還是少提意見、少提建議；不然的話，你的一片好心很可能被當作了驢肝肺，忠言也會被認為是在反對他、毀謗他。當然，如果上司信任你，對你言聽計從，那又是另一回事了。

一個人對上、對下都能取得信任，那他為官做事多半會比較順當；相反，則可能做得很累、很苦，仕途也長不了。

三顧茅廬

東漢末年，黃巾事起，天下大亂，曹操控制朝廷，孫權擁兵東吳，漢宗室豫州牧劉備聽說隱居在隆中的諸葛亮通曉古今、博學多才，是個不可多得的人才，便決定請他出來幫助自己奪取天下。

劉備帶了關羽、張飛，準備一份厚禮，到隆中臥龍崗去拜見諸葛亮，欲請他出山，幫助他治理國家。不巧的是，諸葛亮那天不在家，劉備白走了一趟。

過了一段時間，劉備又和關羽、張飛冒著大風雪，第二次去拜請諸葛亮。不料，諸葛亮又出外閒遊去了。張飛本不願意再來，見諸葛亮不在家，就催著要回去。劉備只得留下一封信，表達自己對諸葛亮的敬佩和請他出來幫助自己挽救國家危險局面的意思。

又過了一段時間，劉備吃了三天素，準備再去請諸葛亮。關羽說諸葛亮也許是徒有虛名，未必有真才實學，不用去了。張飛卻主張由他一個人去叫，如他不來，就用繩子把他捆來。劉備把張飛責備了一頓，又和他倆第三次訪諸葛亮。到諸葛亮家時，他正在睡覺。劉備不敢驚動他，一直在臺階下站到諸葛亮來，才進入室內。

諸葛亮見劉備胸有大志，求賢誠懇，便與他暢談天下形勢，並提出三分天下的局面，建議劉備先取荊州，再據西川，聯合東吳對付曹操，以圖統一天下。劉備採納了諸葛亮的戰略策略，終於使自己與曹操、孫權成鼎足而立的三大集團。

《三國演義》把劉備三次親自敦請諸葛亮的這件事情，叫做「三顧茅廬」。諸葛亮在著名的〈出師表〉中，有「先帝不以臣卑鄙，猥自枉屈，三顧臣於草廬之」之句。

於是，後世人見有人為請他所敬仰的人出來幫助自己做事，而一連幾次親自到那人的家裡去的時候，就引用這句話來形容求才的渴望和誠懇的心情。

觸類旁通

愛才之心人皆有之，尤其是身處高位的領導者，往往是求賢若渴，為了得到人才，不惜不恥下問，虛心求才。

在現實生活中，確實有愛才、識才、用才的好領導者。但同時應該看到，人才意識不強的問題在相當一部分領導幹部中依然存在。往往事與願違，事倍功半，致使人氣衰敗，工作無新的氣色。

將相之仁

晏平仲不棄「老惡」

晏平仲，就是孔子稱讚的「善與人交，久而敬之」的晏嬰。他是春秋中晚期齊國的宰相，是一位傑出的政治家和外交家。

當時齊景公有個愛女，想嫁給他，便到他家喝酒，以趁機提出這個問題。

三杯過後，景公看見他的老妻，說：「這位就是你的夫人嗎？」晏子回答說：「是，她就是臣的賤內。」景公說：「嘻，又老又醜呀！寡人有個女兒，既年輕又漂亮，讓她來充當你的妻室如何？」

晏子一聽，急忙離開坐席，站立一旁，恭敬而嚴肅地回答道：「她現在確實有些年老，而且不夠漂亮，但這是由於她和我共同生活久了的緣故，而當初她也是又年輕又漂亮的。人們都是由青年到老年，從漂亮到不漂亮的。她也是這樣，從年輕嬌美而變成現在這樣年老醜陋。這是我親身經歷過了的。主公雖欲恩賜，臣不勝感激，但臣不能因老醜而丟棄她，去另找年輕漂亮的人。」晏子說完再次施禮，謝絕景公的請求。

這在晏子的一生中，只不過是個人生活中的一件瑣事，但他的道德人格卻博得後人世世代代的尊敬，這件事也被作為佳話。

觸類旁通

愛人，不但要愛別人，更要愛自己的愛人。「貧賤之交不可忘，糟糠之妻不下堂」。在中國歷史上有很多這樣的典故，在男尊女卑的古代中國，即使一個普通男子有三妻四妾，也不奇怪。但是，能夠做到與一個妻子終了一生而不去另覓新歡，這是一種什麼樣的情感？是一種高尚的道德情感。

在茫茫人海之中，能夠彼此相知、相愛，並且最後結成夫妻，養育子女，來經營一個屬於自己的小家庭，真的是緣分，應該好好珍惜，彼此關心、互相愛護。

晏子為民勇諫君過

齊景公封晏子為宰相，自己卻荒淫無度，不問民間疾苦。

齊景公特別喜歡鳥。有一次他得到了一隻漂亮的鳥，就派一個叫燭鄒的人專門負責養這隻鳥。可是幾天後，那隻鳥飛跑了。齊景公氣壞了，要親手殺死燭鄒。晏子站在一旁請求說：「是不是先讓我宣佈燭鄒的罪狀，然後您再殺了他，讓他死得明白。」齊景公答應了。

晏子板著臉，嚴厲地對被捆綁起來的燭鄒說：「你犯了死罪，罪狀有三條：大王叫你養鳥，你不留心讓鳥飛了，這是第一條。假使國君為一隻鳥就要殺人，這是第二條。這件事如果讓其他諸侯知道了，都會認為我們的國君只看重鳥而輕視老百姓的性命，從而看不起我們，這是第三條。所以現在要殺死你。」說完，晏子回身對齊景公說：「請您動手吧。」

聽了晏子的一番話，齊景公明白了晏子的意思。他乾咳了一聲，說：「算了，把他放了吧。」接著走到晏子面前，拱手說：「若不是您的開導，我險些犯了大錯誤呀！」

有一年夏天，齊國陰雨連綿，連續下了七天，許多地方房屋倒塌，百姓衣食不濟，齊景公卻躲在宮中夜以繼日的酗酒淫樂。

這時晏子心急如焚，三次要求拜見景公而不能如願。可是他不顧景公的拒見，步行直至後宮，對景公說：「眼下水患慘重，人民啼飢號寒，而您卻在這裡醉生夢死地飲酒享樂，只知道您的馬有糧食吃，愛犬有禽肉餵養，妻妾豐衣足食，而對自己的百姓如此刻薄。所以，那些飢寒貧弱的百姓，不願再擁戴您這樣昏庸無恥的國君了；我身為國君的大臣，既不能給百姓排憂解難，又不能勸止國君沉湎酒色，這是我的大罪過。」

說完，晏子稽首拜謝景公，請求削職歸田。

景公聽後，深有醒悟，慌忙向晏子哀求道：「寡人有罪，你可以背

棄不援，可是你難道不為國家和百姓考慮嗎？請您留下來輔助寡人吧，我願意將各國的粟米財貨託給你來賑濟災民。」

晏子見此，深為感動，當即答應不再辭職，並且很快遣派官吏調查災情，酌情援助。從此，齊景公「捐肉灑酒」，再也不象以前那樣貪戀酒色了。

觸類旁通

規勸別人，尤其規勸國君，通常都會冒著很大的危險。輕者，得罪了他人，敗壞了自己的名聲；重者，則會有丟官之虞、性命之災。然而處於責任心和深深的憂患意識，還是有很多人甘願冒這「天下之大不韙」。有的達到了自己的目的，有的卻沒有。之所以會出現這樣兩種不同的結果，完全在於規勸者自身的素質、威望和智慧。這當中充分了對人生的洞察和對社會的體悟，當是人生修煉之一大境界。

吳起為士兵吸毒瘡

吳起是戰國時期衛國人，很會用兵打仗，曾經師從曾子，後來在魯國做大將，因為得不到魯君信任，聽說魏文侯仁德尊賢，就去投奔。

當時，位於西北的秦國逐漸強盛，常常向東侵犯中原諸國。魏文侯拜吳起為大將，讓他統帥軍隊抗擊秦國。

吳起認為，作為軍隊的統帥，最重要的是得到士兵的擁護。他非常愛護士兵，從來不以將軍自居。總是穿著最下等士兵的衣服，吃最下等士兵的伙食，行軍從來不騎馬，睡覺也不鋪席子，還把士兵背的糧食分出一份，自己背，與士兵同甘共苦。

一次，有個士兵長了毒瘡，腐爛化膿，吳起為他用嘴吸膿水，士兵的母親聽說後，難過得哭了。

有人對她說：「你的兒子不過是一個士兵，吳將軍親自為他吸吮瘡毒，這是榮幸，你還哭什麼？」老婦人說：「唉！過去吳將軍也為孩子他爹吸過瘡，他爹為報答將軍愛護之心，打仗從不後退，終於死在戰場上。現在吳將軍又為我兒吸瘡，不知道我兒要死在哪兒了，所以我才哭。」

吳起愛兵如子，士兵們也都非常愛戴他，為他冒死捨命打仗。吳起立了很多戰功，魏文侯又派他守衛戰略要地西河。

吳起做西河守，施行愛民養民的仁德政策，百姓親附、庫府充實、兵強馬壯，秦國再也不敢侵犯魏國，趙國、韓國也歸附了魏國，西河成為保衛魏國的堅固屏障。

一次魏武侯來到西河，和吳起一起乘船視察。武侯看著兩岸險要地勢，不禁感歎：「西河山險水急，堅守起來牢不可破，真是魏國的寶地啊。」吳起見武侯還不明白施行仁德的重要，就說：「國家的鞏固不是靠險要地勢，而要靠君主仁德愛民。過去三苗氏、夏桀和商紂王，所處地勢不可謂不險，但是他們沒有仁愛之心，不愛護百姓，最後都被滅亡了。君王如果不修德政，我們這一船人將來也要成為敵國的俘虜啊！」

武王感到很受教，連連說：「說得對！說得對！」

觸類旁通

早在戰國時期，繼孔子之後的儒家代表人物孟子就提出了行「仁政」的主張，可惜最終還是不被統治者所採納。

得道多助，失道寡助。只有在平時對待別人禮遇有加、真誠相待，以仁愛之心來對待別人，這樣在你孤立無援，特別需要別人幫助的時候，才能得到大家的鼎力相助。

子產不毀鄉村民宅

子產在鄭國做相。他治理國政，很重視百姓的利益，注意聽取百姓的批評和意見。

鄭國民間有鄉校，這些鄉校是百姓平時聚會的場所。每天人們結束了工作，都喜歡來到鄉校，談天玩樂，還議論國家政事的得失，評論當官的政績好壞。有的卿大夫不願意聽到百姓的批評議論，向子產提出，毀掉鄉校。

子產對他們說：「百姓每天忙完了事情都到鄉校玩樂，議論政事的好壞，百姓認為好的，我就推行，百姓討厭的事，我就改掉，鄉校就是我的老師，為什麼要毀掉它呢？做官的多做好事，可以減少百姓的怨恨，沒聽說誰能用權威防止百姓的怨恨。不讓百姓批評議論，就像堵住河水不讓水流通，一旦河水決堤，就不可挽救了。所以我還是要多聽百姓的批評。」

那些主張毀掉鄉校的人，也覺得子產順從民意對國家有利，就不再堅持了。

鄭簡公逝世，舉行喪禮時，一些守陵人的房子正擋在通往簡公墓地的道上，如果繞路而行，喪禮就要延遲到中午。

有人提出拆掉這些民房，因為延遲喪禮，是對諸侯國派來參加喪禮的賓客不禮貌。

子產認為，為了喪禮拆房子，是危害百姓的大事，不能這樣做，就說服他們：「諸侯國的賓客既然能夠遠道來參加喪禮，難道就不能堅持到中午嗎？不拆房子對賓客沒有什麼損害，也不會讓百姓受到危害，為什麼不這樣做呢？」在子產的堅持下，民房沒有拆掉。

由於子產做事為百姓著想，在他主持國政的時候，百姓得到許多利益，百姓歌頌他說：「我們有土地，子產讓它增五穀；我們有子弟，子產對他們教育。子產如果死了，還有誰能繼承他？」

觸類旁通

為官者應該時刻牢記：百姓才是自己的衣食父母。我們來自於普通百姓，應該時刻想著百姓的疾苦，關注百姓的生活，無論做什麼事情、制定什麼決策，都把他們放在優先考慮的位置。

同樣地，為百姓謀福利、使百姓生活得更好的人，百姓會時刻記著他，擁護愛戴他。

蕭何追韓信

韓信是劉邦的大將，指揮漢軍打敗了項羽，劉邦建國後被封為淮陰侯。

韓信家住今江蘇淮陰，母親死了，他無錢埋葬。經常討飯吃，還受過胯下之辱，連個鄉村的小官都當不上。

項羽趁陳涉起義時也起兵反秦，並到了韓信的家鄉，韓信帶著一支劍參加了項羽的隊伍，但是項羽對他根本沒瞧在眼裡。「鴻門宴」後，韓信看到劉邦，能屈能伸，而項羽有勇無謀，便離開項羽，投到劉邦的帳下。

劉邦也只是讓他當了一個接待賓客的辦事員，叫「連敖」。一次因為犯錯、韓信和他的同夥共十四人，被判以死刑。前十三人一個個都被砍了頭，輪到韓信了，他抬起頭，正好瞧見了一個叫滕公的人，韓信

說：「漢王難道不想坐天下嗎？如果想坐天下，為什麼還殺壯士呢？」滕公聽了這話很受震動，又看看韓信，其貌不凡，便把韓信免斬了。之後，滕公又跟韓信聊了很長一時間，越發覺得韓信不凡，非常高興，便向劉邦稟報了，劉邦任命韓信為治粟都尉（負責軍事後勤的小官）。

蕭何這時已經是劉邦的丞相，聽說韓信這個人，便找來談話，韓信把自己對天下大勢的分析一一講了出來，蕭何聽得十分入耳，認為韓信是個奇才。

劉邦到了漢中的南鄭，將領逃跑了好幾十個。韓信考慮到蕭何早已把自己的情況稟報給劉邦了，劉邦仍沒有重用的表示，便也逃跑了。

蕭何聽說韓信逃跑了，便來不及向劉邦請示，親自去追趕。不知細情的人便向劉邦稟報說：「蕭丞相跑了。」劉邦十分憤怒，如同失去了左膀右臂一般。

可是過了一兩天，蕭何在劉邦面前出現了，劉邦又是生氣，又是高興，便罵道：「蕭丞相你也要跑掉嗎？」蕭何知道是誤會了，便說：

「在下怎敢逃跑？在下是去追趕逃跑的人去了。」劉邦問：「你追的是誰？」蕭何回答：「是韓信。」劉邦又忍不住大罵起來：「逃跑的將領十幾個，你都沒去追趕，偏偏追韓信這樣一個無足輕重的人，你在騙我！」蕭何說：「那些將領容易得到。至於韓信嘛，天下無雙啊！大王您如果長久在漢中這個小地方待下去，就用不著韓信了；如果您要爭天下，除了韓信，再沒有能給您出好主意的人了。不知大王怎麼考慮的？」劉邦說：「我也是想往東方進攻的，怎能憋在這裡不求發展呢？」蕭何說：「大王既然打算向東發展，如果能重用韓信，韓信就會留下；如果不能重用韓信，韓信總是要跑的。」劉邦說：「照你這麼一說，我就讓他當個將領吧。」蕭何說：「只是當個將領，還是留不住韓信的。」劉邦說：「那就讓他當個大將。」蕭何說：「這回行了。」

劉邦就叫人把韓信叫來，任命為大將。蕭何說：「大王，您這樣做豈不是怠慢而無禮嗎，如今授命大將就像喊小孩一樣，這正是韓信逃走的原因啊。大王，您一定要授命韓信為大將，我建議選一個好日子，吃齋飯、搭壇場，把一切禮儀都準備好，那才行。」劉邦同意了。

各位將領聽說劉邦要任命大將了，非常高興，都猜測著自己可能被

任命。當任命的結果公佈出來，一聽是韓信，全軍都驚訝了，紛紛說：「沒想到，沒想到。」

觸類旁通

自己好也成全別人好，自己富也成全別人富，自己能做什麼也成全別人能做什麼，有錢大家賺，有快樂大家分享，這種成人之美也就是孔子所說的「己欲立而立人，己欲達而達人」。對於我們一般人來說，要做到這樣雖然也不容易，但也還不算太難，只要個人的心胸寬廣一點就能夠做到。

祖逖愛人

祖逖，字士稚。他家世代做兩千石俸祿的高官，父親祖武，是晉王司馬昭的屬官。祖逖年少喪父，他性格豁達、粗獷，不拘小節。他不看重錢財，好仗義行俠，慷慨有節操，每次到田莊，他都發放糧食、布匹賑濟窮人，鄉親們和同族人都很看重他。

後來都城內亂，祖逖族人鄉親數百家到淮泗地區避難，途中，祖逖把自己乘坐的車馬讓給同行的老弱病者，自己步行，還把自己的藥物衣糧等拿出來與大家共用，遇到情況他又能隨機應變。因此，年長、年少的都依附於他，推舉他做一路之上的主事人。

祖逖看到國家危難，憂心如焚。他胸懷大志，一心想恢復江山。他的賓客和追隨他的人都是一些性情暴烈的勇士，祖逖待他們很好，就像對待自己的子弟一樣。

當時，揚州地區發生了嚴重的饑荒，這些人中多數當了盜賊，搶劫富戶的財物。他們中有的人被官府抓獲，祖逖就想盡辦法保護並解救他們。有人談起這事就看不起祖逖，但祖逖卻坦然自若，不以為然。

祖逖還向琅邪王司馬睿進諫道：「天下的動亂，並不是由於聖上無道引起百姓怨恨和反叛，而是因為各藩王爭權奪勢、自相殘殺，使得外族乘虛而入，以至入侵到了中原。現在那裡的百姓正遭凌虐，人人都有抗擊敵寇的願望。大王如果真的能根據您的威望任命將帥，假使派我祖逖這樣的人做統帥，那麼各地的豪傑必然會聞風而歸向大王，那些意志消沉的人也會積極活躍起來，這樣，雪洗我們的國恥就有希望了。」

司馬睿聽從了祖逖的話，任命祖逖為奮威將軍、豫州刺史，發給他一千人所用的軍糧，三千匹布，只是不分配給人員、兵器，讓他自己去招募。祖逖仍然率領自己的親兵百餘家渡江北上，當船行到江心時，祖逖猛擊船槳發誓道：「我祖逖如果不能掃清中原敵寇，光復國家，就像這江水，一去不回！」他慷慨激昂，神色壯烈，眾人見了，都為之慨歎。祖逖造爐煉製兵器，又招募了兩千多人，繼續北上。

祖逖一向愛護別人，不論是走到哪裡，他都有禮貌地對待地位低下的人，雖然和他們交往不多，但他都以恩德禮貌相待。因此，黃河以南都成了晉朝的疆土。

黃河沿岸塢堡的塢主因為把自己的子弟派往對方做人質，只好都為雙方做事。這時，他們派遊動部隊假裝攻襲祖逖，用以向對方表明他們沒有歸降晉軍。祖逖理解他們的處境，並未歧視他們。這引起塢主們感激尊崇祖逖，敵軍中有什麼特別計畫，他們就把知道的密報給祖逖。

由於有了這些人的幫助，祖逖瞭解了敵人的動態，打起仗來知己知彼，所以先後收復多數失地，繳獲大量的戰利品。祖逖論功行賞對於這些塢主們，哪怕只有一點小小的攻勞，祖逖都給予賞賜，而且不超過當天。

祖逖自身非常勤儉，鼓勵和督促發展農業，他嚴格約束自己，盡力幫助別人，從不為自己積聚財富。他要求手下的子弟們都在田裡幹活，打柴草也自己背負肩挑。如果死了人，有喪葬之事，他為之灑酒祭奠，百姓們非常感激他，愛戴他。

老百姓們曾經擺酒宴請祖逖與他們共飲，父老們飲至中席，不覺流著熱淚說：「我們都老了，想不到重又做了晉朝的百姓，死了也沒有什麼怨恨了！」於是作歌唱道：「幸運啊，被遺棄的百姓免遭俘虜，日月星辰覺得更明亮，是因為我們遇到了慈父。一杯水酒忘勞苦，甜美如瓜脯，何以歌唱慈父恩，讓我們唱歌又跳舞。」

觸類旁通

祖逖作為一個胸懷遠大抱負的愛國者，他團結愛人，即使是為生計所迫，淪為盜賊的人，祖逖也想法解救並團結教育他們，以至祖逖起事光復失地時，各地軍民望風歸附。

我們無論從事什麼工作，無論地位高低，都應當以團結他人、關愛他人的美德當成自己修身的重要一課。

郭子儀不計私念

唐朝中期，唐玄宗正在大殿上召集大臣商議對策，以期平定安史之亂。眾大臣面面相覷，束手無策，只有一老臣斗膽獻上退兵之策，並建議讓朔方節度使（總攬一區軍、民、財政事務）郭子儀統兵征討。唐玄宗接見郭子儀，並聽取了他的平叛之策，對郭子儀的文韜武略甚為滿意，還請他推薦一位能幹的將軍統兵去河北平定叛軍。郭子儀想到自己在朔方鎮（治今寧夏靈武市西南）當將軍時的同仁李光弼，不過兩人脾氣不和，關係一直比較緊張。郭子儀為大唐社稷的安危和朝廷急需人才著想，還是向唐玄宗推薦了李光弼。

朝廷的任命下來了，李光弼向家人做最後的交代。家人很敬佩李光弼這種「國家危難，將士當先」的勇氣，同時也為李光弼是郭子儀推薦的所擔心，害怕這是郭子儀借刀殺人之計。

出征那天，李光弼陪同郭子儀檢閱隊伍。李光弼當面就問：「末將

多次冒犯大人，請問為何推薦末將擔此重任，該不是把末將推向前線當盾牌吧！」郭子儀一聽就知道李光弼心存芥蒂，誤會自己了，他眼含熱淚說：「眼下叛軍猖獗，百姓遭殃，社會安定受到破壞，朝廷特別需要有能力的將領去統軍討伐。你我同在朔方鎮當差時，雖關係不和，很少來往，但我賞識將軍的為人和才華，所以竭力推薦給朝廷，想給將軍一個報國立功的機會。即使退一萬步講，我也不會為意見不同而加害於你吧！」郭子儀的肺腑之言，使李光弼頓感自己矮了一截，他忙向郭子儀行禮賠罪。郭子儀拉住李光弼的手，希望他率軍多收復失地，早傳捷報。

常山戰役，郭子儀和李光弼協同作戰，大獲全勝。郭子儀不但為李光弼向朝廷請功，而且調撥自己的一萬人馬歸李光弼指揮，幫助他擴大戰果，並教育自己的部將要有全局觀念。

叛將史思明率領五軍人馬與郭子儀所部狹路相逢，郭子儀採用避實就虛的戰術，占領有利地形，築壘挖溝建營，白天閉營不出，夜裡出來偷襲，搞得叛軍疲憊不堪。史思明的主力不但沒能圍困、消滅郭子儀的唐軍，反而被郭子儀所部牽制住了。正在史思明束手無策之時，副將來報丟失戰馬千匹，史思明暴跳如雷，他殺雞給猴看，下令把副將推出去砍了，聲嘶力竭地命令部將明天一定要攻下唐軍大營。

第二天，太陽剛剛冒出，叛軍就向唐軍大營發起猛烈的進攻。他們用長梯跨過了唐軍挖的深溝，人多勢眾的叛軍像潮水一般向唐軍防守的舊城衝去。郭子儀率部利用城牆進行頑強抵抗，唐軍將士和攻城叛軍展開了殊死搏鬥，一直堅守到天黑。

後來郭子儀和李光弼的軍隊同時出擊，叛軍被打得丟盔卸甲，傷亡無數。史思明自己慌亂之中從戰馬上跌了下來，要不是他兒子趕到，差點就當了唐軍的俘虜。郭子儀和李光弼求同存異，相互配合，為粉碎安史之亂做出了巨大的貢獻，人們合稱他倆為「郭李」。

觸類旁通

適度的寬容，對於改善人際關係和身心健康都是有益的，它可以有效防止事態擴大而加劇矛盾，避免產生嚴重後果。大量事實證明，不會寬容別人，亦會殃及自身。過於苛求別人或苛求自己的人，必定處於緊張的心理狀態之中。

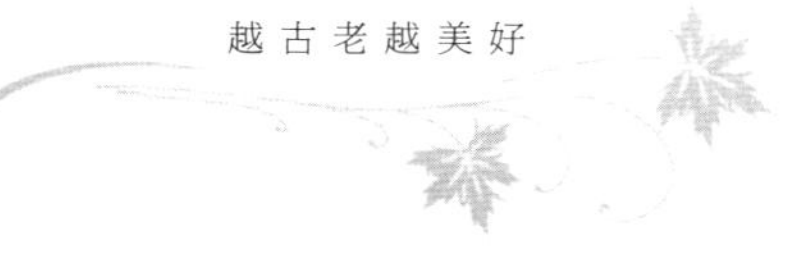

其實將相之間、同僚之間有不同意見，產生不和，乃是正常事。從道德的意義上說，一要有正確對待的心態，二要杜絕宗派紛爭。正確對待的心態，是指應當把這種不同意見、不和置於國家利益、民族利益之下，服從大局和全局利益。杜絕宗派紛爭，是指千萬不能把這種不和與分歧擴大為宗派之間、集團之間的利益衝突，否則就會使矛盾與不和上升為政治鬥爭，一直到你死我活的地步，就會極大地損害國家利益和民族利益。

名士之仁

生死之交

羊角哀和左柏桃是春秋時代燕國人，他們倆都是品德高尚並且很有才能的人。

那時候，諸侯為了爭奪土地，頻繁地發動戰爭。羊角哀和左柏桃結為摯友，他們決心找機會施展自己的才幹，解救人民於水火之中。

聽說楚莊王是個賢明的國君，羊角哀和左柏桃相約一同到楚國去，尋找點可做的事情。

不料在路上遇到暴風雪，陷於茫茫荒原。寒冷、飢餓使左柏桃病倒了，羊角哀說：「要死就死在一塊，我扶你走吧！」

兩天過去，羊角哀自己也精皮力竭了，好不容易才把左柏桃扶到一株兩個合抱有餘的空心樹下，暫避風雪。

風狂雪猛。左柏桃氣喘吁吁地說：「兄弟，荒原千里，風雪無邊，與其兩人凍餓而死，不如救活一個。」

羊角哀搖搖頭說：「你放心，我背也要把你背到楚國去。」

左柏桃舉起雙手，搭在羊角哀的雙肩上深情地說：「你的心意我領了，救民於水火是我們倆共同的理想，不論這個理想是咱倆共同實現，還是一個人去實現，都算達到目的了，你說是不是呢？」

羊角哀點點頭：「當然！柏桃，你就拿著咱倆剩下的糧食去楚國吧。」

左柏桃連連搖手，說：「你的本領比我強，應該你去楚國。」

兩人真誠地相讓，最後左柏桃說服了羊角哀。

羊角哀到楚國見到楚王后，他連忙帶人回到荒原，發現左柏桃已經凍死在空心洞裡。他只好埋葬了朋友的屍體，痛哭而別。

楚王知道此事後，撫恤了左柏桃的妻兒。

後來，羊角哀幹出了一番事業。每逢左柏桃的忌日，羊角哀總是朝左柏桃遇難荒原的方向深深一拜，心中默默禱告：「柏桃，我一定要實現咱倆的共同理想！」

觸類旁通

在生與死的考驗面前，能做到像左柏桃那樣捨命全交，是多麼地令人感動啊！和平時期，也許生死的考驗不會那麼多，然而當危險臨近的時候，「把生命的機會讓給別人，把死亡留給自己！」生和死像一塊試金石，考驗著每一個人，有許多英傑是這樣做了，但是當死亡臨近的時候，也出現了一些可恥的落荒者！我們應該學習英傑，唾棄自私的人。

閔子騫感動後母

閔子騫小時候，受後母虐待。後母疼愛自己生的兩個兒子。有好吃的，就偷偷地給自己生的兩個兒子吃，閔子騫吃不著，還常常吃不飽。可是閔子騫從來不和父親說。

冬天到了，後母所生的兩個兒子穿的都是棉絮衣，身上暖烘烘的，而閔子騫穿的卻是蘆花做的棉衣。

有一天，閔子騫的父親坐著他們兄弟三人拉著的車外出。那天，天氣非常寒冷，西北風呼呼地颳，閔子騫的棉衣不能禦寒，他凍得渾身顫抖，面色灰白，手已經凍僵了；而他的兩個弟弟，因為拉車趕路，臉上直冒熱汗，面色紅潤。

閔子騫的父親一看，閔子騫瑟瑟發抖而兩個弟弟淌汗，於是斷定閔子騫一定是偷懶，拉車不賣力氣。閔子騫的父親一氣之下，就用鞭子抽

打他。

鞭子抽破了棉衣，蘆花飛了出來，父親感到奇怪，拾起來一看，才恍然大悟。啊！原來兒子在受凍。

「回家！哪兒也不去了！」父親命令三兄弟往回走。閔子騫的父親心疼自己的兒子，真是氣極了。

一進家門，父親就把妻子叫出來，說要把她休掉。

閔子騫立刻跪在地上哀求父親說：「母親在這兒，只有我一個人寒冷，如果離去，那麼我們兄弟三個人都將孤單！」

父親見他的話說得婉轉而近情理，便打消了休妻的念頭。

後母聽了閔子騫的話，非常慚愧，從此以後，她痛改前非，待閔子騫比她的親生兒子還好。

孔子稱讚他的弟子閔子騫，說他上事父母，下順兄弟，一舉一動盡善盡美，所以沒有人講他的閒話。

觸類旁通

血緣關係對於人際關係的影響是巨大的，千百年來皆如此。閔子騫卻能不受這種封建思想的束縛，孝敬並感動後母，他是一位脫俗的人。

當今社會，因離異或遭到不幸而重新結合的家庭為數不少，這樣就給家庭的每個成員帶來許多棘手的問題。如果都能像閔子騫那樣對待家庭中的其他戒員，那就不失為高尚的人。

沈尹莖助孫叔敖為相

沈尹莖和孫叔敖是好朋友，沈尹莖已經做了大夫，可是孫叔敖還是一個無名之輩。

沈尹莖很瞭解孫叔敖，認為他是一個難得的人才，只是他為人剛直，不善於順從迎合別人，所以還沒有人瞭解他的才能。

沈尹莖決心說服孫叔敖。他找到孫叔敖，對他說：「你善於講述道理使人信服，你的治國主張能夠行得通，你可以使國君稱王天下，這些方面我都不如你。不過，你不善於隨順社會、附和世俗，不會迎合君主的心意，這些方面我卻比你強。現在你先回去耕田隱居，我在都城為你奔走，你看如何？」於是，孫叔敖回去隱居起來。

沈尹莖經過五年努力，終於受到楚莊王的重用，打算拜他為相。

沈尹莖沒有忘記自己對孫叔敖的許諾，對莊王說：「臣下知道有個草民叫孫叔敖，是一個品德高尚、才能非凡的聖人，臣下的才能遠不如他，請大王一定拜他為相。」楚莊王見沈尹莖寧願自己讓出相位，竭力舉薦一個平民百姓，認為這個人一定有才能，就備了車把孫叔敖接到都城拜他為相。

孫叔敖做了國相，果然沒有辜負沈尹莖，只用了三個月，就使楚國氣象一新，當官的不再貪贓枉法，社會上也沒有了盜賊，百姓安居樂業。

後來，孫叔敖和沈尹莖合力治理楚國，輔佐楚莊王成就了霸業。

觸類旁通

友誼屬於一種較深層次的人際交往，是在一般人際關係的基礎上建立起來的一種心理距離更為親近的深層次的情感關係，它是交往雙方在志同道合的基礎上建立起來的一種純潔而美好的社會性感情。

孟子說：「人之相識，貴在相知。」友誼是朋友心與心的溝通與碰撞的結果。我們把

正直的朋友稱知已、知心、知音，我國古代歷史上「管鮑之交」、「羊左之交」和「伯牙子期之交」的故事為人們稱道，要獲得真正的友誼，就必須尋求友誼的基礎。然而，最高境界的朋友不是物質上的幫助，而是對朋友的充分的估計，幫助朋友實現其人生的理想、生命的價值。也恰是在朋友的人生目標和理想實現的時刻，兩個人之間的友誼也就得到了昇華。

陰興舉賢不避仇

陰興是東漢先武帝陰皇后的同母弟。劉秀起兵時，陰興就同哥哥陰識及宗族、賓客千餘人往隨回應，征戰南北，因此陰興也可稱得上是開國元勳，再加上他與光武帝的姻親關係，建武二年被授官為黃門侍郎，追隨於光武帝鞍前馬後，甚得光武帝的賞識。

陰興有兩位最要好的朋友，名叫張記、杜禽，他們從小在一塊兒長大，情同手足，他倆很想利用陰興的關係求得一官半職。陰興十分瞭解他們的才能，認為他倆雖說書讀得不少，才辯也不錯，但太喜歡譁眾取寵，缺乏實幹精神，推薦這樣的人做官，豈不是對國家不負責任？也埋沒了賢能之人啊！這樣做，又怎能取信於天下呢？因此，每當朋友聚會宴飲，兩人提起做官的事，陰興就給他們很多財物，卻婉言謝絕舉薦為官的要求。

無獨有偶，陰興的同郡人張宗和上谷人鮮于褒才華出眾；特別是張

宗，曾與陰興同窗共讀，不但博通經史，而且頗有孝道，但與陰興平素有隙。鮮于褒與陰興同為小吏時，也積怨頗深。但此人處事果斷，精通兵法，是位優秀的將才。

一次，光武帝向陰興問及補官之事，陰興拋棄前嫌，毫不猶豫地向光武帝舉薦了這兩個人。次日，光武帝徵召兩人入朝，考察後各拜官職。

後來此兩人果然如陰興所言，一文一武，成了光武帝的得力臣僚。當兩人得知自己當年被擢升任用，是昔日的仇家陰興所薦，不無感歎地說：「陰侍中乃祁奚再世也！」

觸類旁通

現實生活中，可能過去有人對不起自己，或者是得罪了自己，但畢竟都已經是過去的事了，讓它過去吧！瀟灑一點，不懷恨別人，和別人之間的仇怨也就因此而沒有了。就算對方是壞人，也終有被感化的一天。不然冤冤相報何時了？大家都處處設防，永遠沒有安寧的一天。

對人要寬容一點，俗話說：「退後一步海闊天空。」原諒別人，也是解放自己。

王烈感化盜牛人

三國時，北海人王烈只是一個普通的讀書人，並沒有做官，但在老百姓當中，卻具有很高的威望。有一個人偷了別人的一頭牛，被失主捉住了。盜牛的說：「我一時鬼迷心竅，偷了你的牛，今後絕不再幹這種事。現在隨便你怎樣處罰都行，只求你不要讓王烈知道了。」

有人把這件事告訴了王烈，王烈立即託人贈予盜牛人一匹布。

有人問王烈：「一個做賊的人，很怕你知道，你反而送布給他，這是什麼道理呀？」

王烈說：「做了賊而不願意讓我知道，這說明他有羞恥之心。既然知道羞恥，就不難轉變，我送布給他，就是為了激勵他改過從善。」

一年以後，有一天，一位老人挑著重擔，正在艱難地趕路，忽然遇

見一個人，對他說：「你的年紀大了，挑這樣重的擔子，怎麼受得了呀？我來替您挑吧！」這個人幫助老人挑著擔子走了數十里，到了老人家門口，把擔子放下，不告知姓名就走了。後來，還是這位老人，在趕路時丟失了一把寶劍，被一位過路人發現了。為了避免讓人任意取走，過路人便留下來看守，等待失主。待老人去尋劍時，發現那位守劍的人，正好又是上次替他挑擔子的人。

那老人十分感動，拉住他的手說：「你上回代我挑擔，連姓名也不肯告訴我，現在你又路不拾遺，坐等失主，你真是個仁人君子啊！這一次，你一定要把姓名告訴我才是。」那人只好把姓名告訴了老人。老人聽後心想：地方上出了這樣一位好心人，應當讓王烈知道。於是便去告訴王烈。王烈聽後，很受感動，他說：「慚愧啊！世上有這樣好的人，我卻沒和他見過面。」隨即設法打聽，原來竟是從前的那位盜牛人。王烈不禁大吃一驚，十分激動地說：「一個人受了感化以後，改過從善的程度真是不可限量啊！」

王烈在家時，人們發生爭執了，常常跑到他那兒去找他評理。但有人走到半路上又返回去了，或者是已經到了王烈家門口，卻又不敢進去。

為什麼會這樣做呢？都是擔心自己理屈，寧肯做到相忍讓也不願讓王烈知道自己無理。

觸類旁通

尊重別人，以平等的態度對待別人，這是一般與人相處應取的態度。

王烈與眾不同的是，對大家鄙視的犯錯的小偷，也能尊重他，友善地對待他，以自己坦誠的態度感化他，使小偷最後變成有道德的人。

這為我們對待犯錯的人提供了一個榜樣。人們往往鄙視犯了錯的人，冷嘲熱諷，甚至不分場合地點，專揭別人瘡疤，豈不知這種做法並不能幫助犯錯之人改過。正確的態度是抱著滿腔熱情關心犯錯的人，喚起並保護他的廉恥之心，並促使其對過去的錯誤深惡痛絕，在犯錯的人有了一定的進步之後，要即時地給予肯定，這才是對犯錯的人應取的態度。

李士謙樂善好施

北朝魏齊時候，趙郡平棘地方有個大善人叫李士謙。他從小死了父親，年輕時曾在魏廣平王府當過參軍，自從母親去世後，一直沒再做官。李士謙家在趙郡是有名的大世族，非常富有。他自己生活很節儉，對別人卻很慷慨，常常施捨錢財，救濟窮苦百姓，以助人為樂。

有一年鬧春荒，許多人家斷了糧，揭不開鍋。李士謙從糧倉裡取出一萬石糧食，借給鄉里的缺糧戶度荒。這年夏天又遇上天災，秋收也不好，借債的人無力償還，都來向李士謙請求延期償還。李士謙說：「我借糧給鄉親們是為了幫助大家度荒，不是為了求利。今年受災歉收，借的糧食就不用還了。」他怕欠債人不放心，特意備辦了酒席，邀請他們來家吃飯。在吃飯時，他搬來一個火爐放在院子中間，然後將所有的借據都拿出來，放在爐子旁邊的方桌上。

李士謙走到桌前，拿起兩疊借據對大夥說：「這是鄉親們借糧的契約，現在當眾燒毀，各位鄉親所借的糧，都不用還了。」說罷，將借據投入火爐，烈火熊熊，頃刻化為灰燼。

第二年，風調雨順，五穀豐登。那些借過李士謙糧食的人，都爭先恐後地來還債。李士謙的大院裡擠滿了人，他們齊聲說：「李參軍去年救了我們的急，我們感激不盡，今年糧食豐收應該償還才是。契約雖然燒了，我們心中都有數。若不還清借債，實在過意不去，請李參軍收下吧！」李士謙拒絕收債。他對還債的農民說：「去年的事不要提了。鄉親們有困難，我拿出點糧食救濟大家算得了什麼，今年雖然豐收，你們家底薄，仍不寬裕，還是拿回去吧！」還糧的人好說歹說，他就是不收。過了幾年，趙郡一帶發生特大旱災，赤地千里，顆粒不收。老百姓吃樹皮草根，到處是逃荒的飢民，真是哀鴻遍野，餓殍載道。李士謙設了許多粥棚，每天兩次供應飢民稀飯。由於李士謙的救濟，得以生存下來的有上萬人。

他還拿出自己所有的錢財，收埋死者的屍骨。到了春天，他又拿出糧種，分給貧困戶，幫助他們恢復生產。李士謙這種人道主義精神和慈善行為，受到人們的讚揚，趙郡的農民都很感激他，許多人撫摸著子孫

的頭說：「這孩子是因為李參軍的恩惠才活下來的。」

又有一年，趙郡一帶瘟疫流行，奪去了許多人的生命，更多的人則臥床不起。到處是死神的恐怖，到處是痛苦的呻吟和悲號。李士謙又盡自己的財力救死扶傷，一面掩埋死者的屍體，一面配製藥品醫治病人，並給他們送去食物。他為此用掉了萬餘石糧食，卻在所不惜。

李士謙樂善好施三十年，到隋文帝開皇八年去世。趙州的男男女女聽到這一噩耗，如喪考妣，無不痛哭流涕。在李士謙出葬那天，從四面八方趕來參加葬禮的多達萬餘人。人們穿著白色孝衣，頭戴白色孝冠，捶胸頓腳，哭聲震天。

觸類旁通

為人應樂善好施，要己所不欲，勿施於人。這裡面其實包含一個非常深刻的道理：不僅對社會，有著非常深刻的觀察，而且對人生，乃至對生命，都有著獨特的感悟。在不能扭轉乾坤的情況下，在自己力所能及的情況下，還不忘濟救蒼生。這是一種崇高的信念，更是一種心懷天下的情懷。

李密孝敬祖母

李密，蜀國武陽人。幼年家中屢遭災難，他出生六個月的時候，父親死去，家中既無伯父叔叔，又沒有兄姐照應，只有祖母和母親兩代孤婦帶他度日，生活異常艱辛。李密四歲的時候，舅父何氏見李家貧困不堪，不忍心讓妹妹受此煎熬，逼迫他母親改嫁他人。這樣，家中只有祖母劉氏帶李密艱難地生活。他祖母自幼身患疾病，經常臥病在床。但為了把可憐的孫子撫養成人，她每日拖著久病的身軀，上山砍柴、下田耕耘，只盼孫子快點長大成人。

李密自母親改嫁後，整日涕哭不止，雖有祖母愛護，卻也是體弱多病，到九歲還不會走路。但是他非常聰明，成人後，讀書過目不忘，對祖母非常孝順，每天白日勞動，晚上讀書。祖母年高多病，他周到備至地服侍祖母，晚上穿衣睡在祖母身邊。給祖母吃藥、餵飯、飲水，他都自己先嚐涼熱，然後才餵祖母。他的孝心遠近聞名。

西晉泰始元年晉武帝司馬炎聞聽李密才學優等，又以孝名著聲於世，徵召他為太子洗馬，並命地方官催他到任。這年，李密已經四十四歲了，他的祖母也高壽九十六歲。李密因為祖母年高多病，無人奉養，上〈陳情表〉於晉武帝，陳述自己的困難，辭官不就。他在表中說：「臣無祖母，無以至今日；祖母無臣，無以終餘年。祖孫兩人更相為命，是以私情區區不敢棄遠。……臣盡節於陛下日長，而報養劉（其祖母）之日短也。烏烏私情，願乞終養。」晉武帝被他的孝心所感動，答應了他的請求。

觸類旁通

尊敬自己的老人，並由此推廣到尊敬別人的老人；愛護自己的兒女，並由此推廣到愛護別人的兒女。只有愛自己的親人，然後才能愛別人。相反地，一個連自己的親人都不能敬愛的人，是不能敬愛別人的。

一個人對父母、對長輩是否孝順，對兄長是否尊敬，這也絕不是一個個人問題，也不僅僅是一個家庭問題，而是關係到社會是否安定有序、人民精神風貌好壞的大問題。

竇建德賣牛助鄰里

竇建德，貝州漳南人，隋末農民起義軍的領袖。小的時候，竇建德就十分講信義。長大後，遇見鄰居家裡誰有困難，都熱情幫助，從不希望人家回報，因此很受鄉親們愛戴。

一天，竇建德正趕著牛在田間耕種田地，忽聽別人議論，說鄉裡有一戶人家因母親病逝無錢送葬而著急。竇建德聞訊後，二話沒說，解下耕牛就拉到集市上出賣，把賣牛的錢全部贈送給這家，幫助他們料理喪事。

這家人非常感動，逢人便誇竇建德是個仁義君子。

觸類旁通

能夠在別人最需要幫助的時候挺身而出，急人之所急、想人之所想，甚至犧牲自己的利益來幫助別人，這是人的一種最基本的品行。幫助別人其實只是舉手之勞。當人在最需要幫助的時候，恰如黑暗中的縈縈之光，也會給漆黑的夜晚帶來一絲光亮一樣，我們的一點點援助，也會給他帶來無限的希望。

狀元可丟，朋友不可棄

白敏中，唐朝人。在科舉考試中中過狀元，當過宰相，是一個恭謹謙讓、品德高尚的人。

白敏中和賀拔惎是好朋友。兩人同到長安參加科舉考試，經常攜手去街上遊玩。

主考官王起知道白敏中出身貴族，文才又好，私下想取他為狀元，但又嫌賀拔惎家境貧寒，歎息地說：「白敏中怎麼同賀拔惎來往呢？多可惜啊！」

於是，王起叫人悄悄地對白敏中說：「只要你不再同賀拔惎來往，王主考就取你當狀元。」白敏中皺起眉，沒有答話。

恰好，這時賀拔惎來了。

看門的人騙他說：「白先生不在家，到朋友家去了，晚上也不回來。」賀拔惎只好轉身走了。

白敏中聽說了這件事，急得從屋裡跑出來，連聲喊道：「快把他請回來，快點！」

賀拔惎回來以後，白敏中把詳情如實告訴了他，並說：「狀元有什麼稀奇的，怎麼也不能不要朋友呀！」

說完，命人擺酒菜，兩個人開懷暢飲，有說不盡的知心話。

王起派來的人把這些看在眼裡，大為生氣，回去一五一十地向王起回稟了，最後說：「他捨不得那個賀拔惎，咱們偏不讓他當狀元！」白敏中寧肯不當狀元，也要朋友，深深感動了王起。他說：「我原來只想取白敏中當狀元，現在我也要取賀拔惎了。」

結果，白敏中和賀拔惎這一對好朋友都高中。白敏中在唐憲宗時還當了宰相。

觸類旁通

在富貴和友情之間，白敏中毫不遲疑地選擇了友情。賀拔惎交了這樣一位重友情、輕富貴的朋友，可謂幸甚！

人與人之間能夠建立起真正友情的並不多見，作為朋友的雙方應當珍視這種友情，切不可見利忘義。

大千世界，芸芸眾生，貪圖富貴拋棄朋友的有之；嫌貧愛富者，也不乏其人。因此人際交往，也需要慎重地擇友。真正的良朋至友可伴隨你度過人生的全部旅程。

孫思邈為民除病

唐朝，一間小書房裡。一位年已七旬的老人正在聚精會神地編寫《備急千金要方》，他就是名醫孫思邈。

突然外面鑼聲大作，縣令走了進來，張口就給孫思邈道喜。

孫思邈平日就十分厭惡這些作威作福的官差，所以只是冷冷地問道：「是不是你爹的雀盲眼治好了？」縣令謝過孫思邈高超的醫術後，道明真正來意：「朝廷已經下達公文，明日就有皇上的使臣到來，帶來許多厚禮，請孫醫生前去做官。你一定要在家裡等待！」

孫思邈微微一笑，從容答道：「我可不像縣令老爺那麼有本事！我是個醫生，只會治病救人，哪裡會做什麼官啊。再說，我也一大把年紀、七十多歲的人了，還當什麼官！」

縣令深知孫思邈的倔脾氣：孫思邈二十多歲就在醫學上素負盛名。隋文帝在位時，曾派人請他去做官，他託病沒去；唐朝建立後，太宗要授予官職，他也堅辭不受。

這次是唐高宗當了皇帝，又派人來請他進京。如果他再不去，恐怕縣令要負失職之罪，所以縣令苦苦哀求。孫思邈無暇和他糾纏，只是淡淡一笑而已。縣令以為他已答應，十分欣喜。

就在這時，一個鄰居急急忙忙跑進來，對孫思邈說：「剛才我路過青石村時，順便看了陳阿大，他仍然躺在床上，大腿疼得直叫喚。聽說為治這病家裡已經花了很多錢請醫生，可是吃了不少藥，扎了不少針，病情也未見好轉，眼看就不行了。他們本來想請您去，可是家裡已經窮得揭不開鍋了，所以……」

孫思邈不等他把話說完，拿起藥箱懇請道：「馬上為我帶路，我去給他治！」他們剛要出門，不料卻被縣令攔住：「明天一早，朝廷使者要送來黃金作厚禮請您進京，青石村離這有四十多里，萬一你回不來……」孫思邈訓斥他說：「人最寶貴的是生命，生命比黃金還要重要，人的生命是花多少錢都買不到的啊！」說完，和鄰居大步上路了。

中午剛過，兩人來到了青石村，在一間就要倒塌的土窯裡見到了奄奄一息的陳阿大。孫思邈看著昏迷的陳阿大，顧不上休息，馬上投入搶救。終於，陳阿大有所好轉。孫思邈看他家徒四壁，掏出錢來讓陳阿大的妻子前去抓藥，陳妻十分感激。

半夜時分，陳阿大甦醒了，看見孫思邈在為自己看病，又驚又喜。剛要坐起來道謝，誰知左腿稍微挪動，就像刀割一樣疼痛，孫思邈連忙叫他靜臥。孫思邈取出金針，給病人扎了止痛針，可是他的病情太重，連扎幾針也沒見效用。孫思邈不禁陷入沉思：「人身上是否還有新的穴位呢？」他取出金針，在自己身上試扎。

第二天一大早，縣令在孫思邈家門前來回踱步，不時舉首張望，就是不見孫思邈的身影。忽然聽見一陣鑼聲響，朝廷使者已經到來。使者責問縣令：「為何孫思邈大人不在府上？」縣令只得說出實情，勸說他們再多等一個時辰。

孫思邈正在陳阿大家中給病人試針，他用拇指在陳阿大腿上一分、一寸地掐試穴位，並不停地問：「是不是這裡疼？」病人不時搖頭。孫思邈毫不灰心，繼續掐試。掐到一處穴位，孫思邈又問，病人連連點頭：「阿——是，是這裡。」孫思邈毫不猶豫地將針扎下，陳阿大先是額頭冒出大汗，隨即臉色漸漸舒展。稍後，病人問道：「這叫什麼穴位？」孫思邈笑著說：「剛才掐試時，你不是在叫『阿——是——』嗎？這個穴位就叫做『阿是穴』吧。」兩人哈哈大笑。孫思邈為陳阿大治好腿病的消息飛快地傳開了，許多人都來找他看病。孫思邈早就將朝廷的事情忘得一乾二淨，留下來繼續給眾鄉親看病。

孫思邈給一位老婦人看好病後，她執意要將一籃子雞蛋送給孫思邈，孫思邈不肯收。正在推託時，縣令突然闖進來，推開老婦人，將她的雞蛋打翻在地，訓斥道：「孫大人是朝廷的命官，會看上你們的雞蛋？朝廷已經送來了許多黃金，我現在就要請他回去，你們別在這裡糾纏！」孫思邈大喝一聲：「夠了！告訴你，對我孫思邈來說，那些金銀根本不值這一籃雞蛋！你回去告訴使者，說我孫思邈絕不做官，我要留在民間當一輩子醫生，黃金請他們帶走。」說罷，俯身幫老婦人收拾雞蛋。縣令只好摸摸鼻子走了。

觸類旁通

道德高尚的人，做事不為當官、不為金銀。而追溯其思想動機，主要是深感老百姓的疾苦，與人民群眾在思想感情上沒有距離、能夠溝通。這種對群眾深厚的感情，是其能夠專心致志於自己的事業、為人們排憂解難的強大精神動力。

任何想為人民謀利益、做貢獻的人，沒有對群眾足夠的愛心與真情，是不可能有所成就的。所以這種對人民群眾的感情深度，是衡量人們道德水準的一個重要尺度。

張載與人為善

張載是北宋哲學家，家住鳳翔郿縣橫渠鎮，世稱「橫渠先生」，曾任著作佐郎、崇文院校書等職。

張載年輕時喜談兵法，二十一歲時，以書謁見范仲淹；范仲淹見其書，知道他是有遠大志向的人才，便勸他讀《中庸》。他虛心接受了范仲淹的意見，便捨棄對兵法的研究而讀儒家著作。他讀《中庸》以後，感到很滿足，便又鑽研《六經》，終於學有所得，就在京師講《易經》，很多人都來聽他講學。

有一天程頤兄弟兩人前來看望他，他便和二程討論起《易經》。經過討論，二程得見解使他非常佩服。第二天，便對聽他講學的人說：「近來得見二程，他們深明《易》道，我比不上他們，你們可拜他兩人為老師。」於是，他撤坐輟講。二程被張載的為人所感動，便和他交了朋友。

張載在學業上有了新的長進。他中進士後，任祁州司法參軍、雲岩縣令。他認為政事「以敦本善俗為先」，所以他每月都選一吉日，又備下酒食，招待鄉下年歲已高的老人們在縣裡聚會，並且親自敬酒，讓人知道尊老敬長之義，還藉此機會詢問民間疾苦，並告誡他們如何教育子弟。當地百姓非常喜歡他。

由於御史中丞呂公著的推薦，朝廷召見了張載，任命他為崇文院校書。因此，他得到與朝廷大臣交往的機會。大臣們讚佩他的為人，都願意和他交朋友，遇事都願和他商議。有一次，王安石徵求他對「新政」的意見。張載說：「您與別人為善，別人就會以友善對您。」

張載晚年致力於講學著書，在他的著作中有《西銘》一書。程頤看了此書以後，稱讚說：「《西銘》明理一而分殊，擴前聖所未發，與孟子『性善養氣之論』同功，自孟子後蓋未之見。」

張載之所以博得人們對他的友情與讚譽，都是他與人為善、謙恭禮讓的結果。

觸類旁通

做人要善意。要有一顆善良心，與人為善，待人抱善念，樂於做善事，永遠不能有惡念、邪念。與人為善，切忌驕橫。眾怒難犯，專欲難成。物極必反，器滿則傾。肆無忌憚，焚己傷人。切勿恃強凌弱。倚勢凌人，勢敗人凌我；窮巷追狗，巷窮狗咬人。與人為善的同時，還要在關鍵的時候有成人之美。

一家三代親

在「唐宋八大家」中，蘇洵和蘇軾、蘇轍父子就占了三大家。蘇家之所以能獲如此高的榮譽，跟有良好的家教和融洽的家庭關係是分不開的。蘇家三代都很親熱，這必然對其家庭成員的成長起了良好的影響。

蘇洵年齡很大才決定立志求學。因妻子程氏賢淑，為其操持家計，他無後顧之憂，所以能專心致志遊學四方，因而文才大進，終於有成。作為父母，蘇洵和程氏對蘇軾、蘇轍兄弟教育有方，尤其重視道德教育。父母的仁慈思想對其兄弟也有影響。蘇家有五畝園林，蘇洵夫婦愛護鳥雀，不許僮僕傷害，故百鳥前來築巢林上。父母對兒子教育的重視和對鳥雀的仁愛，對蘇軾、蘇轍兄弟的忠誠仁厚性格的形成是很有關係的。

蘇洵博學善文，融百家之說自成一家，他是蜀學派的創建者，蘇軾兄弟為文學其父，是蜀學的中堅。

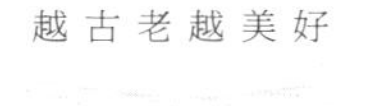

蘇轍為文有其特色，正如他所說：「作文如行雲流水，初無定質，但常行於所當行，止於所不可不止。」蘇轍幼時也受教於兄蘇軾，因蘇軾學先成，蘇洵命轍向兄學習。父子之間、兄弟之間的關係也是師徒關係，故彼此感情甚深。後來父子三人一舉成名，都是父教子、兄教弟的結果。宋仁宗嘉祐元年三月，蘇洵率領蘇軾、蘇轍兄弟赴京秋試，蘇軾、蘇轍兄弟同時中進士。當時北宋文章宗師歐陽修見蘇轍文，不勝佩服地稱讚說：「吾當避此人出一頭地。」宋仁宗初讀軾、轍制策，也高興地說：「朕今日為子孫得兩宰相矣。」神宗為太子時，特別喜歡讀蘇軾文章，有一次在宮中，讀文章都忘記了吃飯，稱天下奇才。蘇洵雖不中，但文名在京大揚，歐陽修得讀其所著書二十二篇，大為讚賞，公卿大夫因之爭相傳閱，一時學者競效其為文。

蘇軾、蘇轍兄弟既有相同的政治理想和生活志趣，又有相同的仕途遭遇，因而在得意時互相勉勵，失意時彼此關懷和勸慰。又因志趣相同、情深似海，當兩人入仕後各自東西，常為離別而悲感交集。

他倆闊別七年後，在徐州始再會，宿於逍遙堂，所以蘇轍寫的〈水調歌頭〉說：「離別一何久，七度過中秋。」可是在徐州相會四個月左右，又要離別，蘇轍感到無限悲愁：「今夜清樽對客，明夜孤帆水驛，依舊照離愁。」轍為不能實現與兄阜退相聚之約而無限悲傷。蘇軾也是「恨此生，長向離別中，凋華髮」，在幾十年的宦海浮沉中，他經常是「憶弟淚如雲不散，望鄉心與雁南飛」。為解離別愁，兄弟倆只能以互相唱和為慰藉。蘇軾曾對弟蘇轍說：「吾從天下士，莫如與子歡。」可見兄弟手足情之深。

蘇軾對妻子也同樣情深。他的家庭生活，幾經周折，幾度悲哀。十九歲娶王弗為妻，王弗二十七歲在京師病逝。十年後他寫的〈江城子〉一詞仍深切懷念他這「敏而靜」的賢內助：「十年生死兩茫茫，不思量，自難忘。」他在夢中見她：「相顧無言，唯有淚千行。」後他娶王弗堂妹王閏之為妻，她也是一位賢淑的女性，追隨蘇軾宦海浮沉，四處奔波，歷盡苦難，兩人相愛相伴二十五年後，閏之年於四十六歲時也病逝於京師，這對於蘇軾又是一次莫大的打擊。蘇軾在其〈祭亡妻同安郡君文〉中，表示對她無限愛情的悲傷說：「已矣奈何，淚盡目乾。」後他納一妾朝雲，在他寫有關朝雲的詩詞中，反映了他對她的無限熱愛，而她隨他貶惠州時也死了，蘇軾悲痛不已，這時他已是六十歲的老人了。

蘇軾有三子，即蘇邁、蘇迨、蘇過，在蘇軾教誨下，都善為文。蘇軾下半生都處於貶謫之中，其幼子蘇過始終追隨，尤其在最後一次被貶時，妻子也已經去世，幸有蘇過隨侍，蘇軾才不至於孤獨。當他這個謫官被召回時，途經常州病逝，蘇過葬父於汝州郟城小峨眉山後，便安家於潁昌。蘇過因隨侍父親，得到經常教誨，故道德文章大進。他著有《斜川集》二十卷，其〈思子臺賦〉、〈颶風賦〉早行於世。時稱蘇軾為「大坡」，故稱蘇過為「小坡」。其叔蘇轍常讚蘇過孝順，以訓宗族，說：「吾兄遠居海上，惟成就此兒能文也。」

觸類旁通

俗話說得好：「家和萬事興」，家庭既是社會的構成單位，也是我們每一個人生活於世所不可或缺的。家庭問題、家庭關係處理的好壞，直接關係到個人的工作、學習和生活。

父慈子孝，是幾千年來中國傳統道德所大力提倡的，也是中國人所極力恪守的訓德，是中國傳統文化的重要組成部分。而今現實生活中，我們更是應該繼承我們中華民族的這一優良傳統，並將之發揚光大。

畢士安薦寇準

景德元年，由於宰相李沆去世，宋真宗下詔提拔畢士安為吏部侍郎、參知政事。畢士安去向真宗皇帝謝恩。

宋真宗對他說：「卿不要急著謝恩，朕還打算任命你當宰相呢。」畢士安感到很突然，再次叩頭謝恩。宋真宗說：「你不要這樣！朕想任你為相，不是今天才有這個打算，上月前宰相李沆去世以後，我就想這樣做了。卿德高望重，又在相府用事多年，是朕信得過的人。然而當今是多事之時，希望卿能再舉薦一人，和你共同執掌朝政。」

畢士安推辭說：「擔任宰相須是心胸開闊、遇事果斷的人。臣年邁體衰，智術短淺，不足勝任。三司使寇準忠貞為國，善斷大事，具有宰相才能。」宋真宗說：「寇準性情剛直，為官清正，朕也很賞識。先帝（指太宗）在時，寇準牽衣直諫，先帝曾將他比做魏徵，只是他言事急切，過於嚴峻，如果以他為相，恐怕難服眾臣之心。」畢士安說：「寇

準大方正派，慷慨而堅持大節，能夠忘身殉國，主持公道，反對邪惡，這是他素有的美德，滿朝大臣沒有能比得上的，只有流俗才不喜歡他。當今天下內憂外患，像寇準這樣的人才，正應該受到重用。」

由於畢士安的極力推薦，宋真宗終於決意任用寇準為相。還不到一個月，宋真宗就正式宣佈：畢士安和寇準同時擔任宰相。畢士安兼修國史，位居寇準之上。

寇準當上宰相以後，廉潔奉公，發揮出卓越的才能。他整頓綱紀，臨機處事，錄用賢才，為宋朝做出許多正確決策。

他對外敵入侵，力主抗戰。澶州之戰，他力促宋真宗御駕親征，他自己挑起了全盤軍事重擔。在他親自指揮下，給遼國軍隊以極大的打擊，迫使對方首先提出議和，出現了對宋朝極為有利的局面。

但由於宋真宗的軟弱厭戰及王欽若等人盲目求和的錯誤主張，結果還是簽訂了「澶淵之盟」這一屈辱性和約。然而，寇準報國之勞、畢士安薦賢之功，卻被載入史冊。

觸類旁通

世人皆有愛才之心，對於有才能、品德高尚的人，人更是愛之。但是也有另外一種，那就是儘管你有才能，但是也可能引來別人的妒忌，更不要說被重用了，這也並不少見。

所以，這裡就有一個最基本的前提了，正所謂「千里馬常有，而伯樂難求」。伯樂不僅具有識才、愛才之心，更要有寬廣的胸懷。

趙善應孝母

趙善應是南宋大臣趙汝愚的父親，也是歷史上有名的孝子。

一天，母親突然患了重病，趙善應趕忙去請醫生。醫生看了老人的症狀後，留下兩包草藥就走了。

老人服藥以後，病情不但沒好轉，反而一天一天加重了。趙善應非常著急，再次去請那位醫生，醫生說：「你母親的病，我看不明白，還是另請高明吧。」

趙善應聽了，心情更加悲痛，眼淚立即奪眶而出，央求醫生再給看一看，醫生說什麼也不肯。於是，趙善應到處打聽名醫，名醫請了十多個，母親的病情還是不見好轉。趙善應一時沒了主意，不知是誰提醒說：「還是想辦法請御醫來看一看吧。」趙善應如夢方醒，靠著皇室宗族的關係，很快請來了御醫。

御醫診視以後，開了個方子，交給趙善應說：「你照這個方子服用，三副藥以後，病情就會好轉，但需用人血和藥，方為有效。」

趙善應接過方子，二話沒說，馬上買了三副藥，然後取刀刺破自己的手臂，用自己的鮮血和藥，給母親服用。趙善應連續幾次刺破手臂取血和藥，弟弟看不過去了，不讓趙善應再刺臂，請求自己刺臂取血，趙善應堅決不答應。

說也奇怪，趙善應的母親服用了幾副鮮血和的藥以後，病就好了。趙善應十分高興。母親的病雖然好了，但落下個心悸的病根，一聽見打雷或什麼響動，就害怕。

一天夜晚，烏雲密佈，一道閃電，響起一個炸雷，母親突然驚叫一聲，暈了過去。

正在熟睡的趙善應，被母親的驚叫聲驚醒，趕忙跑過去叫醒母親，陪伴母親直到天明。此後一有雷雨，趙善應都披衣而起，走入母親的房間，陪伴母親。回回如此。

一次趙善應要出遠門，臨行前特別囑咐妻子好好照看婆婆，雷雨天一定要陪婆婆一起睡覺。妻子答應了，趙善應才放心地走了。

趙善應回來時，正值一個寒冷冬天的夜晚，隨從看見趙家大門，十分高興，上前就要敲門，趙善應馬上制止說：「不要敲門，恐怕驚嚇了我的母親。」

隨從趕緊把伸出去的手縮回來，說：「現在深更半夜的，天氣又這麼冷，不敲門，我們上哪兒去住呀？」

趙善應說：「沒有地方住，也不能敲門。我們就是坐在房簷下挨冷受凍，也不能讓我母親受到驚嚇。」

隨從聽了十分感動，同意和趙善應一起坐到天明。

天明以後，僕人打開大門，才看到房簷下坐著兩個凍得渾身發抖的人，仔細一看，原來是「老爺」回來了。

趙善應就是這樣孝敬老人，也友愛兄弟朋友，遠近傳為美談。

身教勝於言教，在趙善應的帶動下，趙全家都十分友孝，兒子趙汝愚等人也十分孝敬他們的父母。

觸類旁通

孝敬父母是中華民族的傳統美德。對自己的父母是否孝敬，也是衡量一個人的重要標準。連生養自己的父母你都不孝敬，你又能對別人如何呢？所以，對自己父母都不孝順的人，也不會有真正的朋友。

父母是最好的老師。父母的言行潛移默化地影響著子女，對他們的成長具有重要的重要的作用。

杜環侍奉常母

杜環，明初官吏，金陵人。好學工書，深受朱元璋賞識。

杜環父親杜一元有位朋友，是兵部主事常允恭。允恭在九江死了，家境衰敗。允恭的母親張氏，年已六十多歲了，在九江城下傷心地痛哭，哀歎自己沒有奉養的地方。

有認識常允恭的人，可憐張氏年老，告訴她說：「現在的安慶太守譚敬先，不是允恭的朋友嗎？為什麼不去投奔他？他見了您老人家，念及與允恭舊有的交情，一定不會丟開您老人家不管的。」

常母照那人的話去做，搭船去見譚敬先，譚卻謝絕而不肯接納。老夫人處境非常窘迫，想到允恭曾經在金陵做過官，親戚好友或許還有存在的，也許能有點希望。於是，她跟隨別人到了金陵，詢問了一兩個人，卻連一個熟人都沒有找到。

老夫人沒有辦法，只好打聽杜一元家在什麼地方，她想：杜一元或許沒有什麼意外吧？一個老道人回答他說：「杜一元已經死了很久了，只有他的兒子杜環還在，他的家位於鷺州坊中，門口有兩棵枯樹可以辨認。」

張氏穿著破舊的衣服，冒雨走到杜環家。此時杜環正陪著客人，見到常母這副樣子非常驚訝，好像曾經見過她的面，因此試著問道：「您老人家不是常老夫人嗎？為什麼竟到這種地步？」

常母把過去的遭遇哭著告訴他，杜環也流下了眼淚。

杜環扶著老人坐下，對老夫人行了晚輩之禮，又呼喚妻子和孩子出來行禮。

杜環的妻子馬氏換下常母的濕衣服，又脫下自己的衣服給常母穿，捧著粥讓常母吃，抱來被子讓常母歇息。

常母問起平素較為親近的、情誼深厚的老朋友，和她的小兒子常伯

章的下落。杜環知道老朋友沒有存在的了，不能託付，又不知道常伯章的死活，只好婉轉地安慰她說：「天正下雨，等雨停了，替您老人家打聽一下他們的近況。假若沒有人侍奉您老人家，我家即使再貧窮，也要奉養你老人家。況且，我父親和常老伯親如兄弟，現在您老人家貧困窘迫，不到別人家去，投奔到我們家來，這也是兩位老人在天之靈把您老人家引導來的啊！希望您老人家不要有其他的想法了。」

當時正值戰後，年成不好，一般人家親生骨肉之間都不能保全。常母見杜環家也不富足，雨停後堅持要出去，尋找其他朋友，杜環只好派一妻子的陪嫁婢女跟著她同行。

到了天黑，常母果然沒有遇到熟人，只好返回來，才安心住下來。

杜環買了布料，讓妻子替常母縫製衣服、被褥。杜環家裡的人，都像對待母親一樣地侍奉她。常母性情急躁，稍有不滿就生氣謾罵。杜環私下告誡家裡人，要順從她的心願，不要因為她處境艱難就輕視、怠慢她，跟她計較。

常母患老年疾病，杜環親自替她煎藥，送勺匙、筷子。因為常母的緣故，一家人都不敢大聲說話。

過了十年，杜環做了太常寺的贊禮郎，奉皇帝的詔令，到會稽舉行祭祀。返回時，路過嘉興，正遇上常母的小兒子常伯章。杜環悲傷地告訴他說：「您的母親住在我家，日夜想念您，都想病了，您不能不早點去見見她。」

常伯章好像沒聽到這回事似的，只說：「我也知道這情況，只是因道遠不能去罷了。」

杜環回到家，又過了半年，常伯章才來。

這一天，正是杜環的生日，常母看到自己的小兒子，互相攙扶著放聲大哭。杜環家裡的人認為這樣做不吉利，要制止他們。

杜環說：「這是人之常情啊！有什麼不吉利呢？」

過了些日子，常伯章看到母親年老，怕不能走，竟然謊稱要辦其他事情，辭別而去，再也沒有回來看望母親。

杜環侍奉常母更加慎重小心。然而常母越來越思念兒子，病情頓時加重，過了三年，老壽終。快要斷氣時，常母指著杜環說：「我勞累你了！我拖累你了！祝願你的子孫都像你這樣忠厚善良。」

說完就斷了氣，杜環備辦了棺材和套棺，隆重地安葬了她，每年還按時節去墓前進行祭祀。

觸類旁通

杜環悉心照料常母十幾年，一直到養老送終。常母的兒子對自己的母親卻是迫不得已才看看，後來竟謊稱有事就再也沒管過。兩相對比，可以看出杜環是多麼寬容大度！

在老年人越來越多的今天，如何贍養、照料老人，也是衡量一個人道德品格的大問題。父母為子女含辛茹苦一輩子，在他們進入晚年的時候，作為子女，一定要為老人創造一個舒適的環境，讓他們安度晚年，這是子女應該遵循的起碼的道德標準。

愛民如子的南包公

海瑞是明朝嘉靖時期的著名清官，愛民如子，一心為民謀利，被人民敬為南包公，其英名流傳至今。

海瑞雖然出生於官僚家庭，但童年時期的家境並不殷實，在他年僅四歲時父親不幸病逝，他和母親相依為命，生活異常清苦。母親很剛強，勤儉持家，教子有方，「苦針裁，營衣食，節費用，督瑞學」。在她的親自督導下，海瑞自幼即誦讀《大學》、《中庸》等書，加上母親為他所請的良師指點及嚴格要求，海瑞得到了良好的家教與文化教育，這使海瑞很早就有了報國愛民的思想。

明朝隆慶三年，即西元一五六九年，海瑞升任右僉都御史、欽差總督糧道巡撫應天十府，即現在長江下游兩岸，包括南京、蘇州、常州等地，是個非常富庶的地方。但海瑞到任後卻發現，人民在重賦和惡吏貪官的壓迫下生活極為困苦。如果趕上當年發生澇災，直到冬至的時候，

還有一半田地被淹在水裡。糧價飛漲，百姓不去討飯就會餓死。於是，海瑞決定將治水與救災一起解決，既為當前又為將來謀利。後來，終於弄清受災原因是由於連接太湖通海的吳淞江淤塞所致，海瑞便召集飢民，趁冬閒季節開工，疏浚吳淞江及其支流。又經上書請求，將應該上交的糧食留下一些解決災民吃飯問題。這樣就調動了百姓的積極性，工程很快完成，當地的百姓都很感激海瑞。

為了維護農民的利益，海瑞進一步懲罰惡霸，歸還被強奪的土地。但對自己有恩的徐階在當地占有的土地最多。徐階怕一點不退也不行，於是就象徵性地退了一些。海瑞則寫信勸他應該做出表率，多退一些田，同時勸說自己的兒子也改正錯誤。許多京官紛紛為已經告老還鄉的徐階說情，但海瑞還是聯合一些官員，迫使徐階退了二分之一的田地。海瑞依照法律，將徐階兩個違法的兒子充了軍。其他地主們見此情景，趕忙將多占的田依數退還。

海瑞還在賦稅方面減輕了人民負擔。當時江南的賦稅很混亂，有田的地主往往不納或少納，地少的農民卻要負擔很重的賦稅，其實，加重的部分都是替地主所交的，由地方官平攤到每個百姓頭上。這無疑加重了人民的負擔。海瑞組織人清查土地，簡化賦稅制度，減輕百姓負擔，地主階級聯合誣告他，說他支持倭寇。不久，海瑞被罷了官。

海瑞擔任應天巡撫時，不但愛民、撫民，還為民除害謀利，但他自己卻生活得很儉樸清苦。所到之處不許鼓樂迎送，也不住豪華的住宅。地方上為迎接他大擺筵席，他卻規定物價高的地方每頓飯不能超過三錢銀子，物價低的地方不超過二錢銀子。他一生很多時間閒居家中，只靠祖上留下的一點土地過活。他沒有置買田產，只在母親去世後靠別人幫助買了一塊墳地，將母親安葬了。

海瑞去世前幾天，還退還了兵部多送來的七錢銀子。他的妻子、兒子早已去世，喪事由別人料理，他的遺物只有八兩銀子、一匹粗布和幾套舊衣服。靠同僚的幫助，他的靈柩才得以運回故鄉。船在江上行駛時，兩岸的百姓自動穿孝來哭送他，店鋪也停了業，送行的隊伍長達百里。如今，在人民心中，海瑞成了正義的象徵，各地共有十幾種地方戲在傳唱著他的故事。

觸類旁通

當官就要一心為民做主，愛民、撫民，還為民除害謀利。做百姓的父母官，做到「為官一任，造福一方」，這種仁愛之舉，超出了人與人之間那種「小愛」，而是對社會群體的博愛，與前者相比，更加高尚。

現實生活中，許多人可能在處理個人關係這方面做得很好，待人寬厚，為對方考慮，但是不能夠上升到更高的高度。這一點對在上位者尤其重要，要牢記為人民服務的宗旨。

艾子誠尋父

艾子誠是河北寧河艾鄰村人，他出生的時候，父親艾文仲因誤傷人已經逃到東北。艾子誠長大一點後，問父親是誰？母親將父親的年齡、相貌一一告訴了他，並說他父親是細木匠，在村裡專門為人做箱子櫃子等傢俱。

艾子誠滿二十歲的時候，母親病死。埋葬母親後，他決意到東北尋找父親。親友勸阻他說：「你父親存亡難說，東北偌大的地方是無法尋找的，還是算了吧。」子誠淚流滿面地說道：「如果找到，一道同回；萬一已死，就背骨頭回來。父母生我，當子女的怎能拋開父母獨自享樂呢？如果我找不到父親，溝死溝埋、坡死坡埋，我無妻無子，死在哪裡都一樣。」說畢，告別鄉親，毅然決然到東北去尋找父親。

艾子誠過了山海關，見人就問，特別是遇到河北老鄉，更是細問。帶的乾糧吃光了，便當短工，掙點盤纏錢，又沿村沿屯去找。這樣一月

又一月、一年復一年，找遍奉天省來到吉林。在吉林又找了很長時間，眼見從離家算起已過二十年了，還是沒有線索。一天，來到吉林馬家城山中，他兩天沒吃東西，餓倒山道旁。一老人見了，給他吃點乾糧，問他為何到此，艾子誠一一向老人說明。恰好老人也是河北人，說起來還是老鄉，便把他領回家中。

他與老人正喝酒，忽見一背著木匠工具的老者進屋來，年齡有六十多歲，子誠細看他的相貌，與母親說的頗相似，說話還帶點寧河鄉音，於是他把父親離家的年月、家世和親戚說了一遍。誰知那老者好像沒聽著一般，只是望著子誠出神。

原來他就是艾文仲，已改姓名為王友義。他離家時只知妻子懷孕，從未見過自己兒子，因此不敢相識。經子誠說明出生年月日，父子才抱頭痛哭相認。

子誠又替老父還清舊債，然後父子一同回到河北老家。

觸類旁通

在當今天涯若比鄰，以旅遊業可富國興邦的世界大串聯時代，「父母在，不遠遊」似乎已成了荒唐可笑的言論。

然而古人交通不便，音訊難通，那時遠遊在外，少說也是一年半載。所以「父母在，不遠遊」並不是無稽之談，而是要求做子女的時時不忘孝敬父母的義務，在安排自己的活動時要想一想兩老在家的實際情況，加以合理的調整。

何況即使在當今時代，離家遠遊的人不也音訊常通，幾天一封信、一日一通電話。之所以如此，不外乎是為了使家裡人釋念放心而已。可見人之常情，古今皆同。

國家圖書館出版品預行編目（CIP）資料

越古老越美好 :原來，寬容的目的不只是放下 / 許汝紘暨編輯企劃小組編著. -- 初版. -- 臺北市 : 九韵文化信實文化行銷, 2017.05

面； 公分. -- (What's Knowledge)

ISBN 978-986-94383-5-3(精裝)

1.修身 2.通俗作品

192.1 106004442

What's Knowledge

越古老越美好：原來，寬容的目的不只是放下

作　　者：許汝紘暨編輯企劃小組　編著
封面設計：陳芷柔
總 編 輯：許汝紘
美術編輯：陳芷柔
編　　輯：黃淑芬
發　　行：許麗雪
總　　監：黃可家
出　　版：信實文化行銷有限公司
地　　址：台北市松山區南京東路5段64號8樓之1
電　　話：（02）2749-1282
傳　　真：（02）3393-0564
網　　站：www.cultuspeak.com
讀者信箱：service@cultuspeak.com
劃撥帳號：50040687 信實文化行銷有限公司

印　　刷：上海印刷廠股份有限公司

總 經 銷：聯合發行股份有限公司
地　　址：新北市新店區寶橋路235巷6弄6號2樓
電　　話：（02）2917-8022

香港總經銷：聯合出版有限公司
地　　址：香港北角英皇道75-83號聯合出版大廈26樓
電　　話：（852）2503-2111

2017 年 5 月 初版
定價：新台幣 350 元